연세 한국어 2-1

연세대학교 한국어학당 편

연세대학교 대학출판문화원

연세 한국어 2-1 (중국어판)

편저자 연세대학교 한국어학당 교재편찬위원회
집필진 김제열 • 전나영 • 이은경 • 장유진
발행 연세대학교 대학출판문화원

주소 서울시 서대문구 연세로 50
전화 02) 2123-3380~2
팩스 02) 2123-8673
ysup@yonsei.ac.kr
http://www.yonsei.ac.kr/press
등록 1955년 10월 13일 제9-60호
인쇄 동국문화
본문 더그라프
삽화 디투웍스
녹음 (주)반도음반
성우 곽윤상 • 윤미나 • 전광주 • 홍소영

2013년 3월 5일 1판 1쇄 2016년 8월 29일 1판 6쇄
ISBN 978-89-97578-80-1(08710)
ISBN 978-89-97578-79-5 (세트)

값 20,000원 (CD포함)

前言

在国内享誉盛名的延世大学语言研究教育院继承韩国语教育五十年的优良传统，为提高韩语教育水平，曾经编著了不少教材。最近，由于全世界人民对韩国和韩国文化的关心程度不断提高，致力于学习韩语的海外同胞和海外人士也大幅度增加，与此同时，学生们对韩语教材的要求也不断变得多样化。因此，此次延世大学语言研究教育院韩国语学堂针对如此多样化的学生阵营，出刊了不仅能够培养韩语能力，同时可以了解韩国文化的新教材。

延世大学语言研究教育院韩国语学堂此次出刊的教材，共6册。即，以初级韩国语学生为对象的"延世韩国语1"和"延世韩国语2"，以中级学生为对象的"延世韩国语3"和"延世韩国语4"，以高级学生为对象的"延世韩国语5"和"延世韩国语6"。各册教材的内容构成，具体针对学生们的韩语水平，致力于集中提高学生们的各种类型的韩语交流能力。

"延世韩国语"的内容，不仅包括以不同韩语学习阶段所要求的内容为主题编成的会话，以及对词汇和语法的集中训练，还包括为实现学生们的听、说、读、写等能力的均衡发展而设置的多样的练习与实践活动等，实为一组综合型教材。不仅如此，该教材还兼顾到让学生们成为学习韩语的中心，以其感兴趣的主题和情景为基础完成各种语言交流任务，从而来学习并熟练韩语。

希望"延世韩国语"不仅对在延世大学语言研究教育院韩国语学堂学习的学生们，而且对所有致力于正确了解并使用韩语的学生们都能给予帮助。

延世大学语言研究教育院
韩国语学堂
教材编纂委员会

일러두기

- '연세 한국어 2'는 한국어를 배우려는 성인 교포와 외국인을 위한 기초 단계의 책으로 초급 단계에서 꼭 알아야 할 주제를 중심으로 썼으며 이와 함께 필수적인 어휘와 문법, 문화와 사고방식을 소개함으로써 한국에 대한 이해를 넓히고자 하였다. 내용은 총 10개의 과로 이루어져 있으며, 각 과는 5개의 항으로 이루어져 있다.

- '연세 한국어 2'에는 8명의 주요 인물들이 등장하며 이들 등장인물들의 일상생활을 중심으로 본문의 대화 내용을 구성하였다.

- 교재의 구성은 과 제목과 함께 과의 내용을 제목 밑에 표로 제시하였는데, 표에는 각 항의 제목과 기능, 어휘, 문법, 문화를 제시하여 각 과에서 다룰 내용을 한 눈에 알아보기 쉽게 하였다. 그리고 마지막 항은 복습에 해당하는 항으로 '정리해 볼까요?'라는 이름으로 그 과에서 다룬 발음, 어휘, 문법, 기능 등을 복습할 수 있도록 하였다. 문화 부분은 각 과의 내용과 관련된 내용을 선정하여 '리에가 본 한국'이라는 이름으로 외국인의 눈에 비친 한국의 문화를 가볍게 설명하는 식으로 다루었다.

- 각 과의 제목은 주제에 해당하는 명사로 제시하였으며, 각 항의 제목은 본문 대화 부분에 나오는 중요 문장으로 제시하였다.

- 각 항은 제목, 학습 목표, 삽화와 도입 질문, 본문 대화, 어휘, 문법 연습, 과제, 대화 번역, 문법 설명의 순서로 구성되어 있다.

- 학습 목표에는 학습자들이 학습해야 할 의사소통적 기능과 어휘, 문법을 제시하였다.

- 도입 질문은 주제와 기능을 쉽게 이해할 수 있는 삽화와 함께 제시하여 학습자로 하여금 주제와 기능에 대한 흥미와 호기심을 가질 수 있도록 하였다.

- 본문 대화는 각 과의 주제와 관련된 가장 전형적이고 대표적인 대화 상황을 설정하고자 하였으며 각각 3개의 대화쌍으로 구성하였다.

- 어휘는 각 과의 주제나 기능과 관련된 어휘 목록을 선정하여 제시하고 연습 문제를 통해 확인하도록 하였으며, 과제에 나오는 새 단어는 과제 밑에 번역을 붙였다. '연세 한국어 2'에서 새로 다룬 단어는 903개이다.

- 문법 연습은 각 과에서 다루어야 할 핵심 문법 사항을 각 항마다 2개씩 추출하여 연습 문제의 형태로 제시하였다. 그리고 문법 설명 부분에서 해당 문법에 대해 설명하고 예문을 제시하였다.

- 과제는 학습 목표에서 제시한 의사소통 기능에 부합되는 것으로 각 항마다 2개를 제시하였다. 특히 과제 1은 각 항에서 다룬 주요 문법을 활용하여 기능과 관련된 활동을 하는 것이고, 과제 2는 어휘나 문법적 통제 없이 핵심 기능을 총체적으로 수행하는 활동으로 구성하였다. 과제에서는 말하기, 듣기, 읽기, 쓰기의 네 기능을 적절히 제시하였다.

- 각 항의 마지막 부분에는 대화 번역문과 문법 설명을 제시하였다.

- 문화는 각 과의 끝 부분에 실었는데 일본인 리에가 한국의 문화를 간단히 설명하는 식으로 기술하였다. 또 자기 나라의 문화와 비교해 보거나 자신의 경우를 말하게 하는 등 지식에 그치지 않고 스스로에게 적용해 볼 수 있도록 하였다.

- 색인에서는 각 과에서 다룬 문법과 어휘를 가나다 순으로 정리하였으며 해당 본문의 과와 항을 함께 제시하였다.

凡 例

- “延世韩国语2”是为学习韩语的成人同胞及外国人准备的基础阶段的教材。以初级阶段必须掌握的主题为中心编写，同时包括该阶段必需的词汇和语法，并通过对文化和思维方式的介绍使学生们增加对韩国的了解。其内容共由10课组成，每课由5个小节构成。

- 在“延世韩国语2”的对话中有8名主要人物登场，对话内容以这8名人物的日常生活为中心展开。

- 关于教材的构成，在每课的题目下面以表格的形式介绍整课内容，表格中包括每个小节的题目、技能、词汇、语法、文化等内容，从而使每课中所涉及的内容能够一目了然。每课的最后以“整理一下吧!”为题，对该课中所涉及发音、词汇、语法、交流技能等所有内容进行复习。在文化部分，与该课内容相关的文化主题，以“理惠眼中的韩国”为题，以外国人的视角对韩国文化进行了简单的说明。

- 每课的题目使用与主题相关的名词，每个小节的题目使用对话中的一个重要句子。

- 每个小节以题目、学习目标、插画及引子、对话、词汇、语法练习、练习与实践、对话译文、语法说明为顺序构成。

- 学习目标部分，列出了学生们必须掌握的交流技能、词汇、语法等内容。

- 引子所提出的问题与有助于了解主题和技能的插画一起，致力于增进学生们对主题和技能的兴趣和好奇心。

- 对话部分，致力于设置与每课的主题相关的最为典型、最具代表性的对话情景。每段对话由三组对话组成。

- 词汇部分，选择列出了与各课主题和交流技能相关的词汇；并通过练习题使学生们对提其进行确认；练习与实践中出现的新词汇，则在练习与实践的下面列出。“延世韩国语2”中大约涉及903个新词汇。

- 语法练习部分，对各课中必须掌握的核心语法，从每个小节中选出2个左右，与简单的练习题一起给出，在语法说明部分对各语法项目进行了说明并给出了例文。

- 练习与实践部分，与在学习目标中提出的交流技能相结合，每个小节中提出2个左右具体的练习与实践内容。尤其是练习与实践1致力于让学生们运用各小节中出现的主要语法项目，作与所涉及的技能相关的活动；而练习与实践2则不受词汇和语法的特别限制，从总体上构成其活动内容。练习与实践部分适当地照顾到了听、说、读、写四种技能。

- 在每个小节的最后提供了对话译文和语法说明。

- 文化部分在每课的最后，以日本人理惠简单说明韩国文化的形式编写。另外，通过让学生们与其自己国家的文化相比较、或表述自身情况等活动，使学生们不仅能够掌握知识，而且能够把知识应用在自己身上。

- 在索引部分，对每课出现的语法和词汇以“가나다”的顺序进行了整理，并同时标明了各语法和词汇所属的课节。

차례

2-1

2-2

目录

2-1

2-2

내용 구성

	제목	소제목	과제	어휘	문법	문화
01	소개	도움이 필요하면 언제든지 말씀하세요	공식적인 자리에서 소개하기	직장 관련 어휘	-기 때문에 이든지	촌수
		이 회사에서 일한 지 얼마나 되셨습니까?	개인적인 자리에서 소개하기	전공 관련 어휘	-은 지 -는데[1] (+의문형)	
		이젠 한국 생활에 많이 익숙해졌습니다	친구, 가족 소개하기	친척 관련 어휘	-어지다[1] -으려고	
		가족도 만나고 친구들도 만나서 좋았겠군요	고향 소개하기	장소 관련 어휘	-어하다 -겠군요	
02	한국 음식	설렁탕을 먹어 봤어요?	음식 먹는 법 설명하기	식사 관련 어휘	-어 보다[1] (경험) -어야 하다	한국의 장맛
		닭갈비를 먹어 본 적이 있어요?	음식 소개하기	음식 이름 어휘	-은 적이 있다 -는데[2] (도입)	
		김치찌개는 어떻게 만들어요?	요리법 설명하기	요리 관련 어휘	부터 -게	
		밥그릇을 들고 먹으면 안 돼요	식사 예절을 알고 말하기	상차림 관련 어휘	-어도 되다 -으면 안 되다	
03	시장	물건이 좋기는 하지만 값이 너무 비싸요	백화점에서 물건사기	백화점 이용과 관련된 어휘	-을까 하다 -기는 하지만	한국의 시장
		이거 입어 봐도 돼요?	시장에서 물건사기	옷의 종류와 특징 관련 어휘	-어 보다[2] (시도) -는데[3] (+명령형)	
		계산은 카드로 하겠습니다	슈퍼마켓에서 물건사기	생활필수품 관련 어휘	으로 하다 -어도	
		광고를 보니까 10만 원짜리가 좋을 것 같아요	물건 주문하기	축하 선물 관련 어휘	-으니까(발견) -었으면 좋겠다	
04	초대	몇 명만 초대해서 저녁이나 같이 먹으려고 해	생일에 초대하기	생일 파티 관련 어휘	반말: -어, 이야 이나[1] (+동사)	특별한 날의 선물
		같이 초대할지 따로 초대할지 결정해	집들이에 초대하기	집 관련 어휘	반말: -지 마 -을지 -을지	
		결혼 준비 때문에 바쁘겠구나	결혼식에 초대하기	결혼식 관련 어휘	반말: -는다, -니?, -어라, -기로 하다	
		꽃다발은 내가 사 가지고 갈게	모임에 초대하기	모임 관련 어휘	반말: -자 -어 가지고	
05	교통	놀이 공원에 어떻게 가는지 아세요?	교통편 묻기	교통편 관련 어휘	-는지 알다/모르다 으로(선택)	서울의 버스
		경복궁역에 가려면 몇 번 버스를 타야합니까?	버스 이용하기	버스 관련 어휘	-으려면 이나[2]	
		밖으로 나갔다가 다시 들어가셔야 합니다	지하철 이용하기	지하철 관련 어휘	-었다가 -나요?	
		가까워 보이는데 버스를 타야 합니까?	길 묻기	교통 표지판 관련 어휘	-어 보이다 -다가	

	제목	소제목	과제	어휘	문법	문화
06	공공 기관	한국 종교에 대해서 알아보려고 왔어요	도서관 이용하기	도서관 관련 어휘	에 대해서 -을지 모르겠다	출입국 관리 사무소
		지난주에 비해서 조금 떨어졌어요	은행 이용하기	은행 관련 어휘	에 비해서 -는 동안	
		비싸지 않습니다만 보험에 들게요	우체국 이용하기	우체국 관련 어휘	-거나 -습니다만	
		재학 증명서를 내지 않으면 안 돼요	출입국 관리 사무소 이용하기	출입국 관련 어휘	-어 있다 -지 않으면 안 되다	
07	전화	연극을 보자고 하는데 같이 갈래요?	전화로 약속하기	통화 관련 어휘	간접인용: -자고 하다 -을래요?	재미있는 전화번호
		전화해서 어디냐고 물어봐야겠다	전화 내용 듣기	휴대 전화 관련 어휘	간접인용: -는다고 하다, 이라고 하다, -냐고 하다 -어야겠다	
		약속을 지키지 못하게 되었어요	전화로 약속 취소하기	약속 관련 어휘	-게 되다 간접인용: -으라고 하다	
		돌아오는 대로 전화 좀 해 달라고 전해 주세요	메시지 남기기	음성메시지 관련 어휘	-는 대로 간접인용: 달라고/주라고 하다	
08	병원	낫지 않으면 다시 오세요	배탈 증세 말하기	배탈 증세 관련 어휘	에다가 ㅅ 동사	병문안
		목이 아픈 데다가 콧물도 나요	감기 증세 말하기	감기 증세 관련 어휘	-는 데다가 -지 말고	
		약을 사기 위해서는 처방전이 있어야 합니다	약국 이용하기	약 관련 어휘	-기 위해서 아무	
		환자가 얼마나 많은지 몰라요	병원 이용하기	병원 관련 어휘	얼마나 -는지 모르다 -나 보다	
09	여행	지난 여름에 갔던 동해 바다가 제일 기억에 남아요	여행 경험 말하기	여행의 종류 관련 어휘	밖에 -었던	한국의 관광지
		경주는 신라의 수도였지요?	여행 계획하기	여행 준비 관련 어휘	의 -던	
		저희 호텔만큼 전망 좋은 호텔은 없습니다	여행 예약하기	예약 관련 어휘	만에 만큼	
		저는 겨울에 갔는데 한국보다 따뜻하더군요	여행지 추천하기	여행지 관련 어휘	-어서 그런지 -더군요	
10	집안일	보증금은 적으면 적을수록 좋습니다	집 구하기	집 구하기 관련 어휘	접속사 -으면 -을수록	쓰레기 분리
		포장이사를 하면 아무 일도 안 하는 줄 알았어	이사 계획하기	이사 관련 어휘	-는 줄 알다 처럼	
		음악을 들으면서 청소할까?	집안일 설명하기	집안일 관련 어휘	덕분에 -으면서	
		화요일까지 해 드릴 테니까 그때 오세요	세탁소 이용하기	세탁소 관련 어휘	-어지다[2] -을 테니까	

内容构成

题目	话题	练习与实践	词汇	语法	文化
01 介绍	如果你需要帮助，请随时告诉我。	在正式场合作介绍	与工作单位相关的词汇	-기 때문에 이든지	辈份
	你在这家公司工作多久了？	在非正式场合作介绍	与专业相关的词汇	-은 지 -는데[1] (+疑问形)	
	我现在已经很习惯韩国生活了。	介绍朋友、亲属	与亲戚相关的词汇	-어지다[1] -으려고	
	见到了家人与朋友，一定很开心吧？	介绍家乡	与场所相关的词汇	-어하다 -겠군요	
02 韩国菜	你吃过牛杂碎汤吗？	介绍饮食方法	与饮食相关的词汇(动作动词)	-어 보다[1] (经验) -어야 하다	韩国的酱味
	你吃过炖鸡排骨吗？	介绍饮食	饮食名称词汇	-은 적이 있다 -는데[2] (导入话题)	
	泡菜汤怎么做啊？	介绍烹饪方法	与烹饪相关的词汇(动作动词)	부터 -게(副词形)	
	不可以端起饭碗吃饭。	了解并练习说明用餐礼节	与摆饭桌儿相关的词汇	-어도 되다 -으면 안 되다	
03 市场	东西虽好，只是价格太贵了。	在百货商店购物	与百货商店相关的词汇	-을까 하다 -기는 하지만	韩国的市场
	可以试穿吗？	在市场购物	与衣服的种类和特点相关的词汇	-어 보다[2] (试图) -는데[3] (+命令形)	
	用信用卡结账。	在超市购物	生活必需品词汇	-으로 하다 -어도	
	看了广告，觉得10万元的比较好。	订货	与贺礼相关的词汇	-으니까(发现) -었으면 좋겠다	
04 招待	打算只请几个人来吃个晚饭。	生日宴请	与生日宴相关的词汇	非敬语: -어, 이야 이나[1] (+动作动词)	特别的日子时的礼物
	决定是分开请还是一起请。	乔迁宴请	与家相关的词汇	非敬语: -지 마 -을지 -을지	
	要准备婚礼一定很忙吧？	婚礼宴请	与婚礼相关的词汇	非敬语: -는다,-니?,-어라 -기로 하다	
	花束由我买去。	聚会邀请	与聚会相关的词汇	非敬语: -자 -어 가지고	
05 交通	知道怎么去游乐场吗？	询问交通工具	各种与交通相关的词汇	-는지 알다/모르다 으로(选择)	首尔公共汽车
	去景福宫站得坐几路公共汽车？	乘坐公共汽车	与公共汽车相关的词汇	-으려면 이나[2]	
	得先出去，然后再进去。	乘坐地铁	与地铁相关的词汇	-었다가 -나요?	
	看起来挺近的，要坐公共汽车吗？	在路上问路	与交通牌相关的词汇	-어 보이다 -다가	

题目	话题	练习与实践	词汇	语法	文化
06 公共机关	我是来了解韩国宗教的。	去图书馆借(还)书	与图书馆相关的词汇	에 대해서 -을지 모르겠다	出入境管理局
	比上周跌了一点儿。	去银行办事儿	与银行相关的词汇	에 비해서 -는 동안	
	虽然不贵，但是我要买保险。	去邮局办事儿	与邮局相关的词汇	-거나 -습니다만	
	不出具在学证明是不可以的。	去出入境管理局办事儿	与出入境管理局相关的词汇	-어 있다 -지 않으면 안 되다	
07 电话	他说一起去看话剧，你也想一起去吗?	电话预约	与通话相关的词汇	**间接引用**: 자고 하다 -을래요?	有趣的电话号码
	得打电话问一问她在哪里。	听取电话内容	与手机相关的词汇	**间接引用**: -는다고 하다, -이라고하다, -냐고 하다 -어야겠다	
	不能守约了。	打电话取消约会	与约会相关的词汇	-게 되다 **间接引用**: -으라고 하다	
	一回来，就请转告他给我打个电话。	留言	与留言相关的词汇	-는 대로 **间接引用**: -달라고/주라고 하다	
08 医院	如果还不好，请再来。	描述腹泻症状	与腹泻相关的词汇	에다가 ㅅ**动词**	探望病人
	嗓子痛，而且还流鼻涕。	描述感冒症状	与感冒相关的词汇	-는 데다가 -지 말고	
	买药一定要有处方。	去药店买药	与药品相关的词汇	-기 위해서 아무	
	别提患者有多么多了。	去医院看病	与医院相关的词汇	얼마나 -는지 모르다 -나 보다	
09 旅行	去年夏天去的东海印象最深刻。	谈一谈旅游经历	与旅游的种类相关的词汇	밖에 -었던	韩国旅游胜地
	庆州曾经是新罗的首都吧?	计划旅行	与旅游准备相关的词汇	의 -던	
	没有比我们宾馆的窗外远景更好的宾馆了。	预约旅行	与预约相关的词汇	만에 -만큼	
	我是冬天去的，那时比韩国暖和。	推荐旅游胜地	与旅游胜地相关的词汇	-어서 그런지 -더군요	
10 家务	押金越少越好。	找房子	与找房相关的词汇	**连词** -으면 -을수록	垃圾分类
	以为如果请搬家公司打包行李，就什么都不用做了呢。	计划搬家	与搬家相关的词汇	-는 줄 알다 처럼	
	我们一边听音乐一边打扫房间，怎么样?	介绍家务事	与家务事相关的词汇	덕분에 -으면서	
	周二会洗好的，那时再过来吧。	去洗衣店洗衣	与洗衣店相关的词汇	-어지다² -을 테니까	

나오는 사람

톰슨 제임스
미국 기자

제임스

요시다 리에
일본 은행원

제임스의 하숙집 친구

츠베토바 마리아
러시아 대학생

제임스의 반 친구

왕 웨이
중국 회사원(연세무역)

제임스의 반 친구

김미선
한국 대학원생

마리아의 방 친구/민철의 여자 친구

정민철
한국 여행사 직원

미선의 남자 친구

이영수
한국 대학생

제임스와 리에의 하숙집 친구

오정희
한국 회사원(연세무역)

웨이의 회사 동료

제1과 소개

01

제목 | 도움이 필요하면 언제든지 말씀하세요
과제 | 공식적인 자리에서 소개하기
어휘 | 직장 관련 어휘
문법 | -기 때문에, 이든지

02

제목 | 이 회사에서 일한 지 얼마나 되셨습니까?
과제 | 개인적인 자리에서 소개하기
어휘 | 전공 관련 어휘
문법 | -은 지, -는데' (+의문형)

03

제목 | 이젠 한국생활에 많이 익숙해졌습니다
과제 | 친구, 가족 소개하기
어휘 | 친척 관련 어휘
문법 | -어지다', -으려고

04

제목 | 가족도 만나고 친구들도 만나서 좋았겠군요
과제 | 고향 소개하기
어휘 | 장소 관련 어휘
문법 | -어하다, -겠군요

05

정리해 볼까요?

- 리에가 본 한국
  존수

01 도움이 필요하면 언제든지 말씀하세요

학습 목표 ● 과제 공식적인 자리에서 소개하기 ● 문법 -기 때문에, 이든지 ● 어휘 직장 관련 어휘

여기는 어디입니까?
두 사람이 무슨 이야기를 합니까?

CD1:01~02

양견 처음 뵙겠습니다. 중국에서 온 양견입니다.

정희 말씀 많이 들었습니다. 저는 오정희입니다.

양견 무역 회사 일이 처음이지만 열심히 하겠습니다.

정희 모두 친절한 분들이기 때문에 잘 가르쳐 주실 거예요.

양견 잘 부탁합니다.

정희 도움이 필요하면 언제든지 말씀하세요.

무역
贸易

부탁하다
拜托

도움
帮助

필요하다
需要

어휘

01 여러 회사가 있습니다.

무역 회사

신문사

여행사

증권 회사

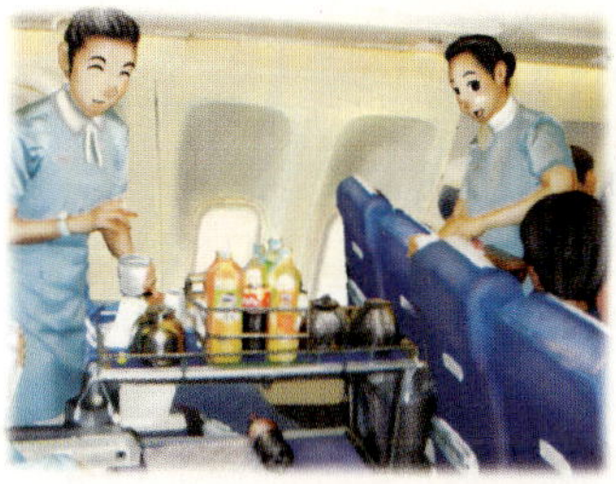

항공사

잡지사

02 어느 회사에서 일하면 좋겠습니까?

1) 저는 경제학을 공부했습니다.
   전에 은행에서 일했습니다. (　　　　　)

2) 저는 여행을 좋아합니다.
   지금까지 세계 여러 나라를 여행했습니다. (　　　　　)

3) 저는 글쓰기가 재미있습니다.
   제가 보고 들은 이야기를 쓰고 싶습니다. (　　　　　)

문법 연습

-기 때문에

01 그림을 보고 대답하십시오.

[보기]

가: 요즘 어떻게 지내세요?

나: 방학이기 때문에 한가합니다.

❶

가 : 일하기가 어때요?

나 : ______________________

❷

가 : 왜 이렇게 음식을 많이 준비했어요?

나 : ______________________

❸

가 : 이 식당에는 언제나 손님이 많군요.

나 : ______________________

❹

가 : 웨이 씨가 왜 여자들에게 인기가 많아요?

나 : ______________________

❺

가 : 마리아 씨가 하루 종일 말을 안 하는데 무슨 일이 있어요?

나 : ______________________

이든지/든지

02 대화를 완성하십시오.

[보기] 가 : 언제 만날까요? (언제)
나 : 언제든지 좋습니다.

1) 가 : 무슨 음식을 잘 드세요? (뭐)
나 : ____________________

2) 가 : 어디에 가고 싶어요 ? (어디)
나 : ____________________

3) 가 : 조금 더 먹을 수 있어요? (얼마)
나 : ____________________

4) 가 : 몇 시쯤 전화하면 통화할 수 있습니까? (언제)
나 : ____________________

5) 가 : 이 학교 학생들만 운동장을 이용할 수 있어요? (누구)
나 : ____________________

과제 1 쓰고 말하기

01 친구들과 인사를 하십시오.

	보기	나
사는 곳	수원	
학교에 오는 방법	지하철	
자주 먹는 음식	불고기	
자주 쇼핑하는 곳	신촌 시장	
자주 공부하는 곳	도서관	

[보기] 저는 이모가 수원에 사시기 때문에 수원에 삽니다.
아침에는 버스가 복잡하기 때문에 지하철을 탑니다.
맵지 않기 때문에 불고기를 자주 먹습니다.
싸고 구경할 것이 많기 때문에 신촌 시장에서 자주 쇼핑을 합니다.
그리고 시원하고 조용하기 때문에 도서관에서 자주 공부합니다.

(나)

과제 2 말하기

01 여러 사람들 앞에서 자기를 소개해 봅시다.

처음 뵙겠습니다.
저는 중국에서 온 양견입니다.
지금 한국에 있는 무역 회사에서 일합니다.
일도 하고 공부도 하기 때문에 아주 바쁩니다.
취미로 주말에 자전거를 탑니다.
여러분도 주말에 시간이 있으면 언제든지 같이 탑시다.
앞으로 재미있게 공부합시다.

앞으로 以后

对话

杨坚	初次见面， 我是来自中国的杨坚。
政喜	经常听人提起你， 我是吴政喜。
杨坚	虽然这是我第一次在贸易公司工作，但是我会很努力的。
政喜	这里的人都很友善， 他们会好好教你的。
杨坚	那就拜托你了。
政喜	如果你需要帮助，请随时告诉我。

문법 설명

01 -기 때문에

用在动词之后表示“原因”。特别用来表示鲜明的因果关系。主要用于书面语。不能用于命令句和共动句。

- 다른 사람들과 같이 일하기 때문에 힘들지 않습니다. 因为是和别人一起工作，所以不辛苦。
- 큰 수술을 했기 때문에 움직일 수 없어요. 因为做了大手术，所以无法活动。

亦可用在“名词 + 이다”之后。

- 저는 외국인이기 때문에 한국말을 잘 못합니다. 因为我是外国人，所以韩语说得不好。

- 지금은 수업 시간이기 때문에 전화를 받을 수 없습니다. 因为现在是上课时间，所以无法接听电话。

也可以直接用在名词后。

- 아이들 때문에 행복합니다. 因为孩子们而幸福。
- 날씨 때문에 기분이 안 좋아요. 因为天气而心情不好。

02 이든지/든지

用在“언제、어디、누구、무엇、얼마 등”等疑问代词之后，表示后句的动作和状态不作特别的限制或选择。

- 아침은 언제든지 7시에 먹어요. 早饭总在7点吃。
- 필요하면 얼마든지 가져 가세요. 如果您需要，不管多少都可以拿去。
- 돼지고기만 아니면 뭐든지 잘 먹어요. 除了猪肉，我什么都喜欢吃。
- 우리 학교 학생이면 누구든지 출입할 수 있습니다. 只要是我们学校学生，无论是谁都可以进去。

02 이 회사에서 일한 지 얼마나 되셨습니까?

학습 목표 ● 과제 개인적인 자리에서 소개하기 ● 문법 -은 지, -는데' ● 어휘 전공 관련 어휘

두 사람이 무엇을 하고 있습니까?
두 사람이 무슨 이야기를 할까요?

CD1:03~04

양견 이 회사에서 일한 지 얼마나 되셨습니까?

정희 4년 됐어요. 대학을 졸업하고 일을 시작했어요.

양견 저는 경영학을 공부했는데 정희 씨는 전공이 뭐예요?

정희 전공요? 저도 경영학이에요.

양견 회사일은 어때요?

정희 배우는 것도 많고 일도 재미있어요.

졸업하다
毕业
전공
专业
경영학
经营学

어휘

01 여러 가지 전공이 있습니다.

국어국문학

천문우주학

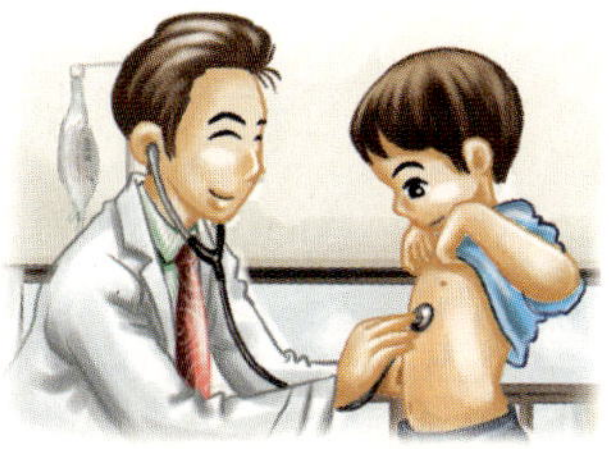

의학

역사학

신문방송학

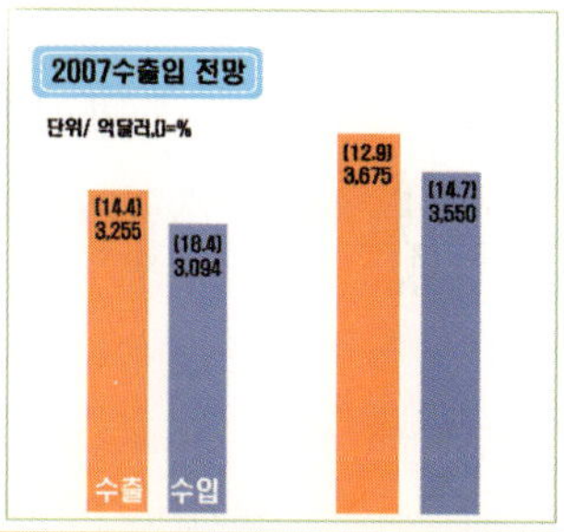

경제학

02 이 사람의 전공은 무엇입니까?

[보기] 영수 씨는 한국어와 한국 소설, 시를 공부합니다. (국어국문학)

1) 다나카 씨는 일본의 역사와 세계의 역사를 공부합니다. (　　　　)

2) 미나 씨는 의사가 되어서 아픈 사람들을 도와주고 싶어합니다. (　　　　)

3) 에릭 씨는 하늘에 있는 별을 공부하고 새 별을 찾습니다. (　　　　)

4) 수잔 씨는 한국과 세계의 경제를 공부합니다. (　　　　)

5) 이얀 씨는 신문사에서 일하고 싶어합니다. (　　　　)

문법 연습

-은/ㄴ 지

01 마이클 씨의 이야기를 보고 질문과 대답을 하십시오.

지금은 2007년 5월입니다.
저는 1980년에 태어났습니다.
1999년에 대학교에 입학했습니다.
2003년에 대학교를 졸업하고
회사에 취직했습니다.
날마다 열심히 일해서 2006년 3월에 과장이 됐습니다.
그리고 2006년 12월에 결혼했습니다.
저는 내년에 아빠가 될 겁니다.

[보기] 가 : 마이클 씨는 언제 태어났습니까?
나 : 태어난 지 27년 됐습니다.

1) 가 :
나 :

2) 가 :
나 :

3) 가 :
나 :

4) 가 :
나 :

5) 가 :
나 :

-는데, -은데/ㄴ데[1]

02 한 문장으로 만드십시오.

[보기] 서울은 여름에 비가 많이 옵니다 / LA는 언제 비가 많이 옵니까?
➔ 서울은 여름에 비가 많이 오는데 LA는 언제 비가 많이 옵니까?

1) 저는 사진 찍기를 좋아합니다 / 영수 씨는 뭘 좋아하세요?

➔ ______________________________

2) 저는 쓰기가 제일 어렵습니다 / 왕웨이 씨는 뭐가 어려워요 ?

➔ ______________________________

3) 1급 학생들은 교실에 있습니다 / 2급 학생들은 어디에 있습니까?

➔ ______________________________

4) 우리 학교는 오늘 시험이 끝났습니다 / 제인 씨 학교는 언제 끝납니까?

➔ ______________________________

5) 한국 사람들은 생일에 미역국을 먹습니다 / 일본 사람들은 무엇을 먹습니까?

➔ ______________________________

과제 1 말하기

옆 사람에게 묻고 대답하십시오.

[보기] **국적**

가 : 저는 일본에서 왔는데 제임스 씨는 어느 나라에서 왔어요?

나 : 저는 미국에서 왔어요.

- **전공**

  가 :

  나 :

- **사는 곳**

  가 :

  나 :

- **좋아하는 음식**

  가 :

  나 :

- **좋아하는 음악**

  가 :

  나 :

- **주말에 자주 하는 일**

  가 :

  나 :

국적 国籍

• **한국에서 하고 싶은 일**

가 : ______________________

나 : ______________________

과제 2 듣기 [CD1:05]

두 사람의 이야기를 듣고 빈칸을 채우십시오.

	국적	전공	취미	사는 곳
아야코				
세르게이				

对话

杨坚	你在这家公司工作多久了?
政喜	4年了。大学毕业以后就开始工作了。
杨坚	我是学经营学的，你的专业是什么?
政喜	专业吗? 我也是经营学。
杨坚	工作怎么样?
政喜	不仅学到的东西很多，工作也很有趣。

문법 설명

01 -은/ㄴ 지

用于动作动词之后表示事情发生后所经过的时间。

- 저는 결혼한 지 12년 됐습니다. 我结婚已有12年了。
- 이 회사에서 일한 지 4개월 됐습니다. 在这家公司上班已有4个月了。
- 에릭 씨가 대학을 졸업한 지 4년 됐습니다. 埃里克大学毕业已有4年了。
- 독일이 통일된 지 20년 됐습니다. 德国统一已有20年了。

02 -는데, -은데/ㄴ데[1]

用于动词之后表示比较的意思。在疑问句中，在前句中使用“-는데, -은데/ㄴ데”将说话人所知的信息提供给听话人，然后在后句中提出与前句相比较的问题。这是通过使用“-는데, -은데/ㄴ데”提示一些内容后再提问的形式，比直接提问给人的感觉更委婉些。

- 서울은 8월이 제일 더운데 도쿄는 언제 제일 더워요?
  首尔8月最热，东京什么时候最热?
- 저는 여름을 좋아하는데 미선 씨는 어느 계절을 좋아해요?
  我喜欢夏天，美善你喜欢什么季节?
- 우리 회사는 월급이 3퍼센트 올랐는데 제임스 씨 회사는 어때요?
  我们公司的工资上调了3个百分点，詹姆斯你们公司呢?
- 우리 교실에는 일본 학생이 많은데 제임스 씨 교실에는 어느 나라 학생들이 많아요?
  我们班日本学生很多，詹姆斯你们班哪个国家的学生多?

03 이젠 한국 생활에 많이 익숙해졌습니다

학습 목표 ● 과제 친구, 가족 소개하기 ● 문법 -어지다[1], -으려고 ● 어휘 친척 관련 어휘

세 사람이 무엇을 합니까?
친구를 다른 사람에게 어떻게 소개할까요?

CD1:06~07

정희 왕웨이 씨, 오래간만입니다. 요즘 어떻게 지내셨어요?

웨이 친구도 많이 사귀고 여행도 많이 했어요.

정희 한국 생활이 힘들지 않으세요?

웨이 괜찮아요. 이젠 한국 생활에 많이 익숙해졌습니다.

정희 그런데 옆에 계신 분은 누구세요?

웨이 중국에서 온 제 동생입니다.
대학교에 들어가려고 한국말을 공부하고 있어요.

오래간만 好久
지내다 过
사귀다 交(朋友)
힘들다 费力, 难, 辛苦
익숙하다 习惯

어휘

01 제 친척들입니다.

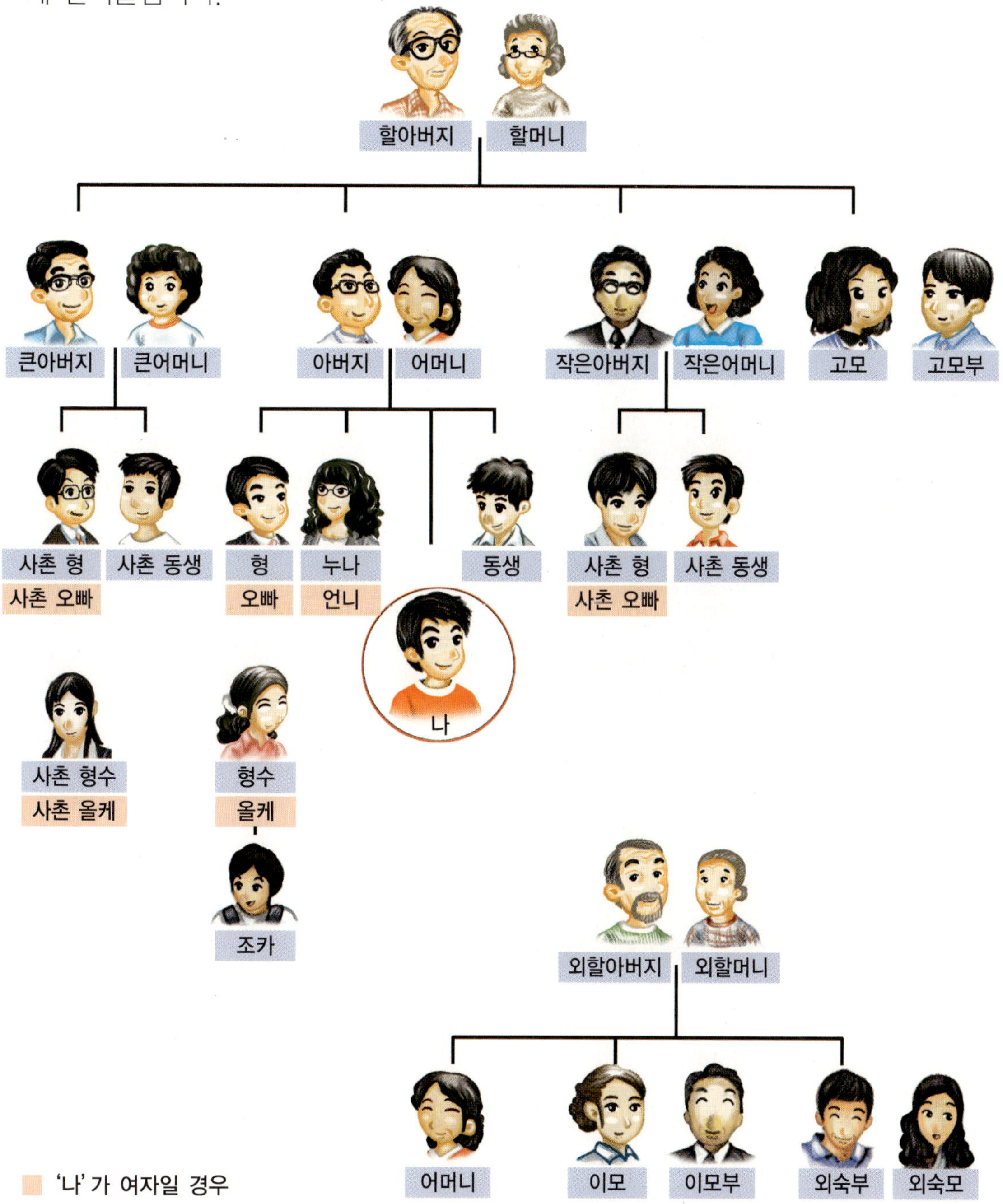

02 여러분이 자주 만나는 친척을 써 봅시다.

문법 연습

-어지다/아지다/여지다[1]

01 어떻게 달라집니까?

[보기]

운동을 많이 하면 건강해질 거예요.

❶

❷

❸

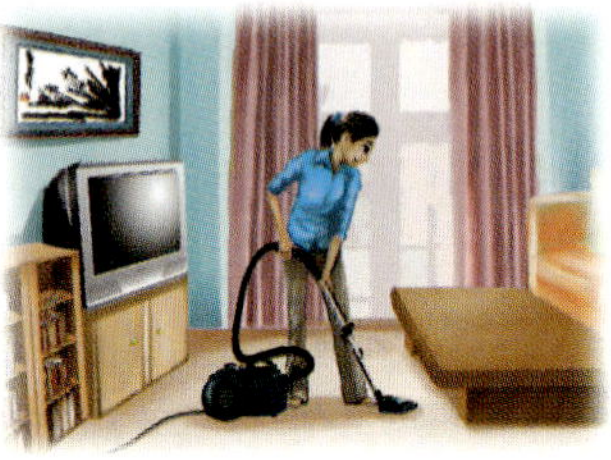

❹

❺

-으려고/려고

02 문장을 완성하십시오.

[보기] 졸업식 때 입으려고 한복을 샀어요.

1) ____________________ 으려고/려고 한국에 왔어요.

2) ____________________ 으려고/려고 케이크를 만들었어요.

3) ____________________ 으려고/려고 사진을 많이 찍었어요.

4) ____________________ 으려고/려고 아침에 일찍 일어납니다.

5) ____________________ 으려고/려고 열심히 한국말을 공부합니다.

과제 1 말하기

옆 사람에게 묻고 대답하십시오.

[보기] 가 : 제임스 씨는 왜 한국에 왔어요?
나 : 저는 한국말을 공부하려고 한국에 왔어요.
가 : 왜 한국말을 공부해요?
나 : 한국 회사에 취직하려고 한국말을 공부해요.

1) 가 : 오늘 수업이 끝나고 어디에 갈 거예요?
나 : ______________________
가 : 왜 거기에 갈 거예요?
나 : ______________________

2) 가 : 한국에 와서 동대문 시장에 갔어요?
나 : ______________________
가 : 무엇을 하려고 동대문 시장에 갔어요?
나 : ______________________

3) 가 : 지난 주말에 누구를 만났어요 ?
나 : ______________________
가 : 무엇을 하려고 그 사람을 만났어요?
나 : ______________________

4) 가 : 어제 슈퍼마켓에서 무엇을 샀어요?

나 : ______________________________

가 : 무슨 음식을 만들려고 그것을 샀어요?

나 : ______________________________

5) 가 : 요즘 무엇을 공부하고 있어요?

나 : ______________________________

가 : 무엇을 하려고 그것을 공부해요?

나 : ______________________________

과제 2 쓰고 말하기

가족을 소개합니다.

[보기]

가족 관계	언니
이름	앤
직업(전공)	대학생(디자인학)
성격	재미있고 밝다
취미	자전거 타기, 사진 찍기

[보기] 이 사진에 있는 사람은 제 언니입니다. 이름은 앤이에요.
제 언니는 대학교에서 디자인을 공부하는데 아주 재미있고 성격이 밝은 사람이에요.
언니는 자전거 타기를 좋아해서 주말이면 자전거로 경치가 좋은 곳을 여기저기 다닙니다.
저도 언니한테 자전거를 배워서 한국에 오기 전에는 같이 자전거 여행도 했어요. 그리고 언니는 사진 찍기도 좋아해서 멋있는 건물이나 좋은 풍경이 있으면 사진도 많이 찍었어요.
요즘 바빠서 전화도 자주 못했는데 언니가 아주 많이 보고 싶어요.

여러분의 가족 사진을 친구들에게 보여 주고 소개하십시오.

가족 관계	
이름	
직업(전공)	
성격	
취미	

디자인 设计 성격 性格 멋있다 帅 풍경 风景

对话

政喜	王伟，好久不见。最近过得怎样?
王伟	不仅结交了很多朋友， 而且还去了很多地方旅游。
政喜	韩国生活不辛苦吗?
王伟	还可以，我现在已经很习惯韩国生活了。
政喜	哦，你旁边的那位是谁呀?
王伟	啊，是我从中国来的弟弟。 他为了上大学，现在在学韩语。

문법 설명

01 –어지다/아지다/여지다[1]

用于状态动词之后，表示主语的状态已经与以前发生了变化。

- 열심히 연습해서 발음이 좋아졌어요. 经过努力练习，发音有了很大进步。
- 비가 오면 날씨가 많이 추워질 거예요. 如果下雨，天气会变得很冷的。
- 두 사람이 같이 여행을 한 후에 친해졌어요. 两个人一起去旅行以后，变得很亲近了。
- 옆집에 술집이 생겨서 동네가 시끄러워질 것 같아요. 邻家楼里开了一家酒馆儿，小区可能会变得很吵闹。

02 -으려고/려고

用于动作动词之后，表示目的、意图。 为达到前句的目的而发生后句的行动。

- 환전하려고 은행에 가요. 为换钱而去银行。
- 친구에게 주려고 과자를 만들었어요. 为送给朋友，我做了点心。
- 유학을 가려고 돈을 모으고 있습니다. 为留学而攒钱。
- 비행기 안에서 읽으려고 만화책을 샀어요. 为在飞机上看而买了漫画书。

04 가족도 만나고 친구들도 만나서 좋았겠군요

학습 목표 ● 과제 고향 소개하기 ● 문법 -어하다, -겠군요 ● 어휘 장소 관련 어휘

두 사람이 무엇을 하고 있습니까?
두 사람이 무슨 이야기를 할까요?

CD1:08~09

웨이 지난 주말에 고향에 다녀왔어요.

정희 가족도 만나고 친구들도 만나서 좋았겠군요.

웨이 부모님께서 아주 반가워하셨어요.

정희 웨이 씨 고향은 어떤 곳이에요?

웨이 제 고향은 작은 시골이에요.
공기도 맑고 경치도 아름다운 곳이에요.

정희 고향에서 찍은 사진이 있으면 보여 주세요.

다녀오다
去某地然后回来

시골
乡村

경치
景色

어휘

01 어떤 곳입니까?

시골

도시

섬

관광지

유적지

바닷가

02 알맞은 단어를 쓰십시오.

1) 제 고향은 바닷가입니다. 맛있는 생선을 많이 먹을 수 있고 여름에는 바다에서 수영도 할 수 있습니다.

2) 제 고향은 ______________ 이기 때문에 아주 복잡합니다. 큰 빌딩도 많고 사람들도 많습니다.

3) 제 고향은 ______________ 입니다. 작은 산과 강이 있습니다. 사람들이 부자는 아니지만 착합니다.

4) 제 고향은 ______________ 입니다. 배를 타고 가기 때문에 교통은 불편하지만 사람들도 친절하고 경치도 아름답습니다.

5) 제 고향은 옛날 건물이 많은 ______________ 입니다. 구경도 하고 역사 공부도 하러 사람들이 많이 옵니다.

6) 제 고향은 ______________ 입니다. 경치가 아름다워서 계절마다 관광객들이 많이 찾아옵니다.

문법 연습

-어하다/아하다/여하다

01 그림을 보고 문장을 만드십시오.

[보기]

제임스 씨는 한국말을 잘하는 사람을 부러워합니다.

❶ 

....

❷ 

....

❸ 

....

❹ 

....

❺ 

....

-겠군요

02 대답하십시오.

[보기] 가: 아직 점심을 못 먹었어요.
나: 배가 고프겠군요.

1) 가 : 이번 주말에 유럽으로 출장을 갑니다.
나 :

2) 가 : 내일은 고등학교 동창 모임이 있습니다.
나 :

3) 가 : 저는 한국에 아는 사람이 하나도 없어요.
나 :

4) 가 : 요즘 일이 많아서 날마다 늦게 퇴근해요.
나 :

5) 가 : 어제 학교에서 한국 요리를 배웠어요.
나 :

과제 1 읽고 말하기

01 이야기를 읽고 말해 보십시오.

저는 파푸아뉴기니(Papua New Guinea)에서 왔습니다.
제 고향은 파푸아뉴기니의 포트모르스비입니다.
우리나라의 서쪽에는 인도네시아가 있고 남쪽에는 호주가 있습니다.
날씨는 항상 덥고 습기가 많습니다.
우리나라에는 금이 많고 커피와 카카오도 많아서 금이나 커피를 다른 나라에 팝니다.
바다가 아주 아름답고 숲에서는 캥거루도 볼 수 있습니다.
또 다른 나라에서는 볼 수 없는 여러 가지 새들도 많습니다.
여러분도 시간이 있으면 우리나라에 꼭 한번 놀러 오세요.

[보기] 바다가 가까우니까 바닷가에서 수영을 자주 하겠군요.

호주 澳大利亚　습기 湿气, 潮气　항상 总是　금 金　숲 森林　캥거루 袋鼠　새 鸟

과제 2 말하기

여러분의 고향을 소개하십시오.

고향 이름	
위치	
날씨	
구경할 것	
많이 나는 과일이나 물건	
사람들의 성격	

위치 位置

对话

王伟	我上周末回了一趟家乡。
政喜	见到了家人与朋友，一定很开心吧?
王伟	父母都非常高兴。
政喜	你的家乡是什么样的地方?
王伟	我的家乡是一个小乡村。 不仅空气清新，而且风景也很优美。
政喜	你如果有在家乡照的相片，给我看看吧。

문법 설명

01 -어하다/아하다/여하다

用于表感觉的状态动词后使其成为动作动词，只用于第3人称主语。

- 일이 많아서 마리아 씨가 힘들어합니다. 因为工作量很繁重，玛丽亚觉得非常辛苦。
- 제임스 씨는 고향에 돌아가고 싶어합니다. 詹姆斯想回家乡去。
- 사람들은 모두 거짓말하는 사람을 싫어해요. 人们都不喜欢说谎话的人。
- 그 이야기를 듣고 양견 씨가 제일 슬퍼했어요. 听了那个故事以后，杨坚最伤心了。

但，“좋아하다、싫어하다(喜欢、不喜欢)”也可以用于第1人称主语。

- 저는 매운 음식을 좋아해요. (싫어해요) 我喜欢(不喜欢)辣的东西。

02 -겠군요

听了对方的话后，对可能发生的状况或者对方的感觉表示推测的时侯使用。

- 가 : 이번 주말에 동생 결혼식이 있어요. 甲 : 这周末我弟弟结婚。
  나 : 친척들이 모두 모이겠군요. 乙 : 亲属们都会来吧?

- 가 : 어제 고등학교 동창 모임이 있었어요. 甲 : 昨天有一个高中同学聚会。
  나 : 반가운 사람들을 많이 만났겠군요. 乙 : 一定见到了很多想见的人吧?

- 가 : 지난주에는 하루도 쉬지 못했어요. 甲 : 上周一天也没休息。
  나 : 피곤하시겠군요. 乙 : 一定很疲倦吧?

- 가 : 어제 친구들하고 공포 영화를 봤어요. 甲 : 我昨天跟朋友们一起看了恐怖电影。
  나 : 재미있었겠군요. 乙 : 一定很有意思吧?

05 정리해 볼까요?

01 발음을 연습합시다. [CD1:10]

처음 뵙겠습니다

대학을 졸업하고 일을 시작했어요

많이 익숙해졌어요

친구들도 만나서 좋았겠군요

02 반 친구들의 이름과 직업, 전공을 쓰십시오.

이름	직업	전공

03 다음 문법을 써서 이야기를 완성하십시오.

-기 때문에　　-으려고/려고　　-은/ㄴ 지　　-는데, -은데/ㄴ데

-어지다/아지다/여지다　　-어하다/아하다/여하다

저는 터키에서 온 알리 벤리입니다.

저는 한국에 관심이 ________ 한국 역사와 한국 문화 책을 많이 읽었습니다.
(많다)

그리고 한국말을 배워서 한국 회사에 ________ 한국에 왔습니다.
(취직하다)

한국에 ________ 이제 세 달 됐습니다.
(오다)

아직은 한국 생활에 ________ 지 않았지만 열심히 배우고 싶습니다.
(익숙하다)

제 친구들도 한국에 오고 ________ .
(싶다)

저는 한국이 ________ 여러분은 어떻습니까?
(좋다)

그리고 저는 축구를 아주 좋아합니다.

여러분도 축구를 하고 싶으면 언제든지 저한테 이야기하십시오.

04 그림을 보고 이야기를 만들어 봅시다.

세 사람은 어떤 관계일까요?

대화를 만들어 보세요.

리에가 본 한국

촌수 [CD1:11]

저는 오늘 한국 친구를 만났습니다.
그 한국 친구는 친척들을 데리고 왔습니다.
"이 사람은 제 사촌 언니이고, 이 사람은 제 육촌 동생이에요."
"네? 육촌 동생? 육촌이 뭐예요?"
사촌은 알고 있었지만 육촌은 처음 듣는 말이었습니다.
그 얘기를 듣고 제 한국 친구와 친척들은 웃으며 '한국의 촌수'를 설명해 주었습니다.

한국 사람들의 친척 관계를 설명하는 방법 중에 촌수가 있습니다.
촌수는 숫자로 계산합니다.
부모와 자녀의 관계는 1촌이고 형제 관계는 2촌입니다.
이것으로 모든 친척 관계를 설명할 수 있습니다.
먼저, 부모님의 형제는 나와 3촌 관계입니다. 그래서 큰아버지, 작은아버지, 고모, 이모, 외삼촌 모두 3촌 관계입니다.

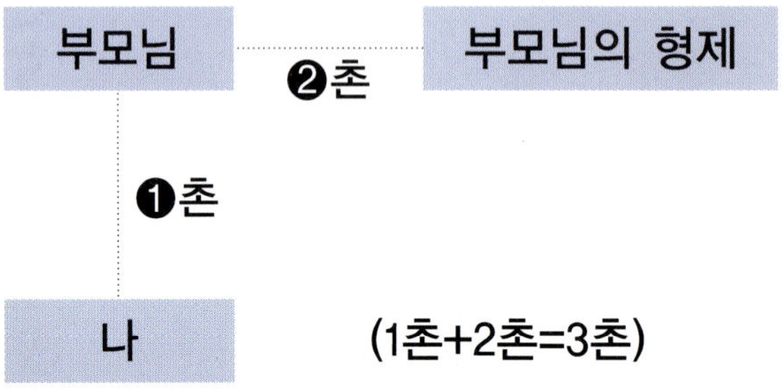

반대로 내 형제의 아이들인 조카도 나와 3촌 관계입니다.

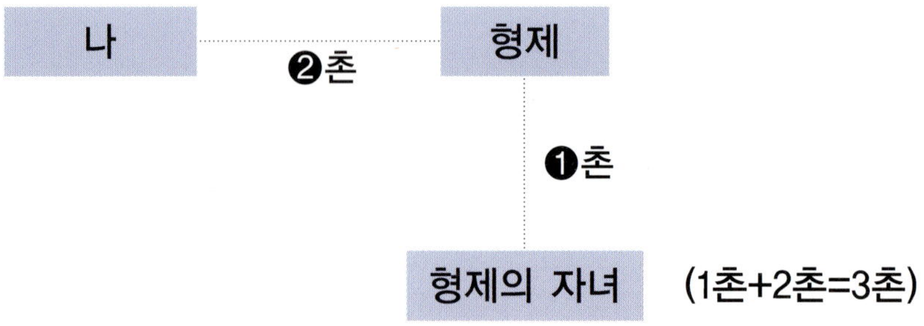

그럼 4촌과 6촌은 어떻게 될까요?

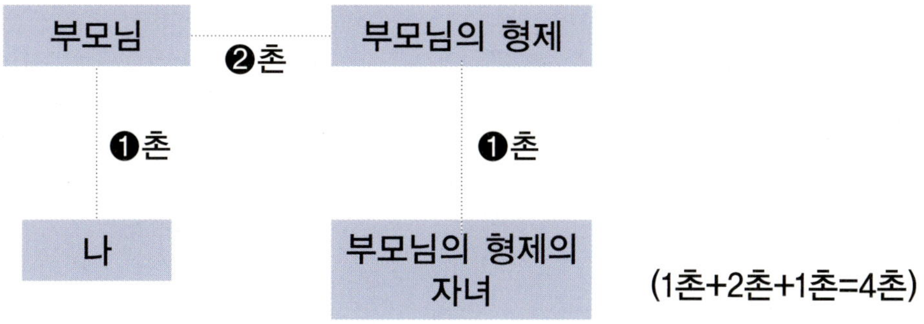

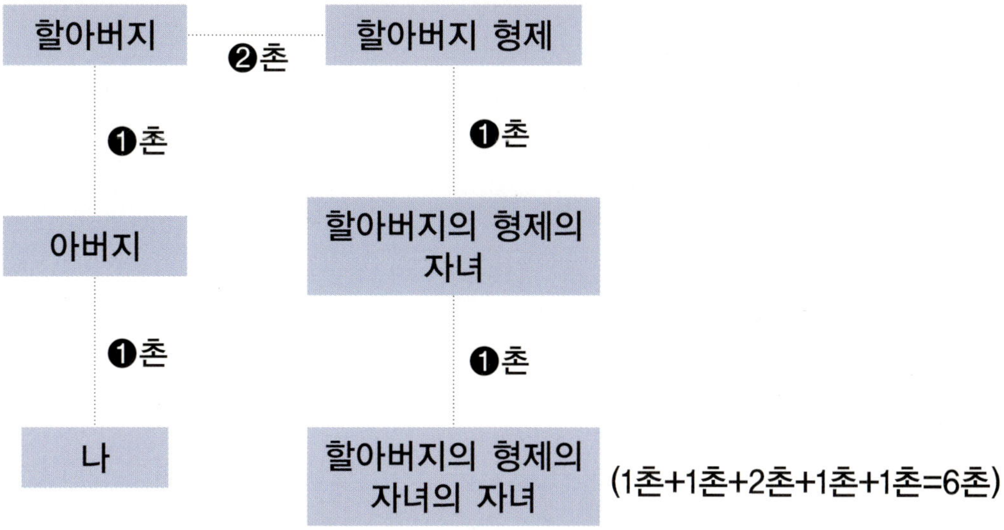

그리고 부부는 0촌입니다.

그럼, 한번 생각해 봅시다.
할아버지의 동생의 딸은 나와 몇 촌 관계일까요?

1. 여러분이 자주 만나는 친척들은 누구입니까?
2. 그 친척들은 여러분과 몇 촌 관계입니까?

촌수 辈分 **방법** 方法 **숫자** 数, 数字 **계산하다** 计算 **반대로** 相反, 反而

제2과 한국 음식

01 설렁탕을 먹어 봤어요?

학습 목표 ● 과제 음식 먹는 법 설명하기 ● 문법 -어 보다', -어야 하다 ● 어휘 식사 관련 어휘

두 사람은 무슨 음식을 먹고 있습니까?
이 음식은 어떻게 먹습니까?

설렁탕
牛杂碎汤
파
葱
말다
泡
반찬
小菜
접시
碟子
덜다
减，盛
(也可以用来表示把菜或饭的一部分盛到别的容器里)

CD1:12~13

영수 리에 씨, 설렁탕을 먹어 봤어요?
리에 아니요, 먹어 보지 못했어요. 어떻게 먹는 거예요?
영수 소금과 파를 좀 넣고 밥을 말아서 드세요.
리에 반찬은 어디에 있어요?
영수 여기 큰 그릇에 있어요. 접시에 덜어서 먹어야 해요.
리에 아, 여기 있군요.

어휘

01 음식을 먹을 때 사용하는 단어입니다.

1 
넣다

2 
덜다

3 
뿌리다

4 
말다

5 
비비다

6 
찍다

02 알맞은 말을 넣으십시오.

[보기] 국이 너무 싱거우면 소금을 좀 **넣어서** 드세요.

1) 밥이 너무 많으면 작은 그릇에 좀 ________ 으세요/세요.
2) 저는 피자에 치즈 가루를 많이 ________ 어서/아서/여서 먹어요.
3) 국밥은 국에 밥을 ________ 어서/아서/여서 먹는 음식입니다.
4) 밥에 채소와 고추장을 넣고 ________ 으면/면 맛있어요.
5) 초밥을 간장에 ________ 어서/아서/여서 드십시오.

문법 연습

-어/아/여 보다[1]

01 대답하십시오.

[보기2] 리에 : 제주도에 가 봤어요?
영수 : 네, 제주도에 가 봤어요.
아니요, 제주도에 가 보지 못했어요.

1) 가 : 한복을 입어 봤어요?
나 : 네, ______
아니요, ______

2) 가 : 감자탕을 먹어 봤어요 ?
나 : 네, ______
아니요, ______

3) 가 : 새벽에 남대문 시장에 가 봤어요?
나 : 네, ______
아니요, ______

4) 가 : 3급 읽기 책을 읽어 봤어요?
나 : 네, ______
아니요, ______

5) 가 : 한국 전통 음악을 들어 봤어요?
나 : 네, ______
아니요, ______

-어야/아야/여야 하다

02 그림을 보고 문장을 완성하십시오.

[보기]

비가 오면 우산을 빌려야 합니다.

❶

돈이 없으면 ______________________

❷

머리가 아프면 ______________________
____

❸

학교에 오지 못하면 ______________________
____

❹

여행을 많이 하고 싶으면 ______________________
____

❺

좋은 회사에 취직하고 싶으면 ______________________
____

과제 1 쓰고 말하기

01 한국에서 먹어 본 음식을 이야기해 봅시다.

먹어 본 음식	맛
갈비	조금 달고 짜다

[보기] 저는 한국에서 갈비를 먹어 봤습니다. 조금 달고 짜지만 맛이 있었어요.

저는 한국에서 ______

과제 2 말하기

01 음식을 먹는 방법을 이야기해 봅시다.

음식 이름	먹는 방법
비빔밥	큰 그릇에 밥을 담습니다. 그 위에 여러 가지 나물을 놓습니다. 그리고 계란프라이를 나물 위에 놓습니다. 참기름과 고추장을 한 숟가락씩 넣습니다. 숟가락으로 비빕니다. 맛있게 먹습니다.
삼겹살	
샤브샤브	

담다 盛　나물 蔬菜　놓다 放　계란프라이 煎鸡蛋　참기름 香油　고추장 辣椒酱　샤브샤브 火锅

对话

英秀	理惠，你吃过牛杂碎汤吗?
理惠	没有，从没吃过。这是怎么吃的?
英秀	把盐和葱放到汤里，再把饭泡在汤里吃。
理惠	小菜在哪里?
英秀	在这个大碗里，得盛到碟子里吃。
理惠	啊，原来在这里呀。

문법 설명

01 어/아/여 보다[1]

用在动作动词后表示经验，与过去时一起使用。

- 설악산에 가 봤습니까? 您去过雪岳山吗?
- 아니요, 설악산에 가 보지 않았습니다. 没有，没去过。
- 저는 한복을 입어 봤습니다. 我穿过韩服。
- 5년 전에 제주도에 가 봤어요. 五年前我去过济州岛。

02 –어야/아야/여야 하다

用在动词后，强调所说的内容是义务性的或是必需的。“–어야 하다”与“–어야 되다”可以通用。

- 이 일을 오늘 안으로 끝내야 해요/끝내야 돼요. 这件事要在今天之内做完。
- 극장에서는 휴대 전화를 꺼야 해요/꺼야 돼요. 在电影院应该将手机关掉。
- 제 시간에 도착하려면 택시를 타야 해요/타야 돼요. 要想按时到达就必须打出租车。
- 공부방은 밝아야 합니다/밝아야 됩니다. 学习室应该明亮。

02 닭갈비를 먹어 본 적이 있어요?

학습 목표 ● 과제 음식 소개하기 ● 문법 -은 적이 있다. -는데[2] ● 어휘 음식 이름 어휘

두 사람은 무슨 이야기를 하고 있습니까?
영수가 소개하는 음식은 무엇입니까?

CD1:14~15

영수 리에 씨, 오늘은 한국 음식을 먹읍시다.

리에 좋아요. 한국 음식 중에서 유명한 게 뭐예요?

영수 음, 닭갈비를 먹어 본 적이 있어요?

리에 아직 없어요. 어떤 음식이에요?

영수 닭고기와 채소로 만든 음식인데 좀 매워요.

리에 그래요? 맛있을 것 같아요.

유명하다
有名

닭고기
鸡肉

채소
蔬菜

좀
一点儿

어휘

01 음식 이름입니다.

비빔밥

회

김치찌개

탕수육

스파게티

짬뽕

샐러드

우동

순두부찌개

피자

튀김

잡채

02 각 나라의 음식을 골라서 쓰십시오.

	음식 이름
한국 음식	
중국 음식	
일본 음식	
서양 음식	

문법 연습

-은/ㄴ 적이 있다

01

1) 여러분은 무엇을 한 적이 있습니까?

	-은/ㄴ 적이 있다 (O) -은/ㄴ 적이 없다 (X)
강에서 낚시를 하다	×
한복을 입다	
샌드위치를 만들다	
무서운 꿈을 꾸다	
한국 영화를 보다	
닭갈비를 먹다	

2) 위 내용을 문장으로 만들어 보십시오.

[보기] 저는 강에서 낚시를 한 적이 없습니다.

1) ______________________

2) ______________________

3) ______________________

4) ______________________

5) ______________________

-는데, -은데/ㄴ데[2]

02 그림을 보고 문장을 만드십시오.

[보기]

가격:500원

이 볼펜은 한 자루에 500원인데 쓰기가 편해요.

❶

가격:5,000원

이 운동화는 ____________________

❷

우리 선생님

이분은 ____________________

❸

우리 어머니

이분은 ____________________

❹

우리 반 친구들

이 학생들은 ____________________

❺

아버지에게 선물로 받았습니다.

이 카메라는 ____________________

❻

지난 여름에 간 곳

이 호텔은 ____________________

과제 1 쓰고 말하기

여러분이 먹은 적이 있는 음식을 쓰고 이야기하십시오.

일본 음식	중국 음식	유럽 음식
[보기] 낫토		

저는 일본 음식 중에서 낫토를 먹은 적이 있습니다.
낫토는 콩으로 만드는데 아주 건강에 좋은 음식입니다.

낫토 纳豆（日本传统大豆发酵类食品，与中国的豆瓣酱、韩国的清曲酱相似） 콩 大豆 건강 健康

여러분 나라의 음식을 소개하십시오.

[보기] 이름 : 갈비탕

재료 : 소갈비, 물, 파, 마늘, 소금, 후추

설명 : 저는 한국 음식 중에서 갈비탕을 좋아합니다. 갈비탕은 맵지 않아서 아이들과 어른들이 모두 좋아합니다. 소갈비를 물에 넣고 오래 끓여야 합니다. 2시간 정도 끓이면 갈비가 먹기 좋아집니다. 2시간 정도 갈비를 끓인 후에 파하고 소금하고 후추를 넣어서 먹습니다. 어떤 사람은 국물에 국수를 넣기도 합니다. 저는 국수를 넣지 않고 밥을 말아서 먹습니다. 갈비탕을 먹을 때는 보통 김치와 같이 먹습니다.

이름 : ____________________

재료 : ____________________

설명 : ____________________

후추 胡椒

对话

英秀	理惠，我们今天吃韩国料理吧。
理惠	好啊。韩国料理中什么比较有名?
英秀	嗯，你吃过炖鸡排骨吗?
理惠	还没吃过呢。那是什么样的料理呢?
英秀	是用鸡肉和蔬菜做的，有点儿辣。
理惠	是吗? 应该很好吃吧。

문법 설명

01 – 은/ㄴ 적이 있다

用在动作动词后，表示到目前为止有过做某种行为的经验。

- 저는 삼계탕을 먹은 적이 있습니다. 我吃过参鸡汤。
- 저는 한국 무용을 배운 적이 없습니다. 我没学过韩国舞蹈。
- 이 노래는 한 번 들은 적이 있습니다. 这首歌我听过1次。
- 에릭은 한복을 입은 적이 없습니다. 埃里克没有穿过韩服。

02 –는데, 은데/ㄴ데[2]

在动词后，对某种事物的相关属性或事实作解释的同时，并对其进行评价时使用。用在"–는데，은데/ㄴ데"前面的内容有引出后续话题的作用。

- 이 사과는 한 개에 1,000원인데 달고 맛있어요. 这苹果一个1000元，味道很甜美。
- 이분은 우리 선생님인데 아주 친절한 분이에요. 这位是我们的老师，非常亲切。

- 이곳은 제주도인데 경치가 정말 아름다워요.
  这里是济州岛，景色真的很漂亮。
- 이 가방은 어머니께 받았는데 튼튼하고 쓰기 편해요.
  这个包是妈妈给我的礼物，不仅结实，用起来也方便。

03 김치찌개는 어떻게 만들어요?

학습 목표 ● 과제 요리법 설명하기 ● 문법 부터, -게 ● 어휘 요리 관련 어휘

두 사람이 무슨 이야기를 하고 있습니까?
웨이가 만들고 있는 음식은 무엇입니까?

CD1:16~17

영수	김치찌개는 어떻게 만들어요?
웨이	우선 물부터 끓이세요. 그 다음에 김치와 돼지고기를 작게 썰어서 넣으세요.
영수	간은 어떻게 맞춰요?
웨이	조금 끓인 후에 맛을 보고 소금을 넣으세요.
영수	누구한테서 한국 요리를 배웠어요?
웨이	하숙집 아주머니께 배웠어요.

우선 首先
끓이다 煮
돼지고기 猪肉
썰다 切
간 咸淡
맞추다 调，配

어휘

01 요리할 때 사용하는 단어입니다.

❶

굽다

❷

튀기다

❸

볶다

❹

끓이다

❺

삶다

❻

찌다

❼

다지다

❽

썰다

❾

젓다

02 알맞은 단어를 쓰십시오.

[보기] 국수를 삶은 후에 빨리 찬물에 넣어요.

1) 생선은 불에 ________ 어서/아서/여서 먹으면 맛있어요.

2) ________ 은/ㄴ 음식을 많이 먹으면 뚱뚱해져요.

3) 채소와 고기를 프라이팬에 넣고 기름으로 ________ 으세요/세요.

4) 커피를 마시고 싶어서 물을 ________ 었어요/았어요/였어요.

5) 칼로 고기를 얇게 ________ 어서/아서/여서 넣으세요.

문법 연습

부터

01 대답하십시오.

[보기] 가 : 집에 가면 무엇을 제일 먼저 해요?
나 : 우선 손부터 씻어요.

1) 가 : 학교에 오면 무엇을 제일 먼저 해요?
나 : ______________________

2) 가 : 방학을 하면 제일 먼저 무엇을 하고 싶어요 ?
나 : ______________________

3) 가 : 고향에 돌아가면 제일 먼저 무엇을 할 거예요?
나 : ______________________

4) 가 : 청소할 때 무엇을 제일 먼저 해요?
나 : ______________________

5) 가 : 식사할 때 무엇을 제일 먼저 먹어요?
나 : ______________________

–게

02 그림을 보고 문장을 완성하십시오.

[보기]

에릭은 음식을 맛있게 먹어요.

❶

마리아가 방을 ________ 청소했어요.

❷

미선이 머리를 ________ 잘랐어요.

❸

영수가 옷을 ________ 입었어요.

❹

사진을 찍을 때는 ________ 웃으세요.

❺

시장에 가면 옷을 ________ 살 수 있어요.

YONSEI KOREAN 2

과제 1 쓰기

01 불고기를 만듭니다. 그림을 보고 요리법을 설명하십시오.

우선 고기를 얇게 썰어요. 그 다음에 ______________________

____

____

____

____

과제 2 듣기 [CD1:18]

• 듣고 질문에 대답하십시오.

01 들은 이야기와 같으면 O, 다르면 X 표시를 하십시오.

1) 카레는 다 맵습니다. ( )

2) 인도에서 카레는 숟가락으로 먹습니다. ( )

3) 카레 소스에는 토마토와 요구르트를 넣습니다. ( )

요리법 烹饪方法　설명하다 说明　고기 肉

02 듣고 대답하십시오.

1) 이 음식의 이름은 무엇입니까?

2) 이 음식의 면은 한 가지입니까?

03 듣고 대답하십시오.

1) 돈가스는 무엇으로 만듭니까?

2) 이 음식의 설명으로 맞지 않는 것은 무엇입니까? (　　　)

❶ 처음에 일본에서 만들었습니다.
❷ 돼지고기를 부드럽게 해서 만듭니다.
❸ 기름에 튀깁니다.
❹ 요즘은 소고기, 닭고기, 생선으로도 만듭니다.

04 듣고 대답하십시오.

1) 이 음식은 무엇으로 만듭니까?

2) 이 음식의 설명으로 맞는 것은 무엇입니까? (　　　)

❶ 이 음식은 닭으로 만듭니다.
❷ 오리를 삶아서 먹습니다.
❸ 이 음식은 전병에 싸서 먹습니다.
❹ 껍질은 먹지 않습니다.

05 들은 이야기와 같으면 O, 다르면 X 표시를 하십시오.

1) 갈비찜은 한국의 전통 요리입니다. (　　　)
2) 갈비찜은 빨리 만들 수 있습니다. (　　　)
3) 갈비찜은 한 가지 색입니다. (　　　)
4) 갈비찜에는 채소가 들어갑니다. (　　　)

카레 咖喱　**토마토** 西红柿　**요구르트** 酸乳，酸奶　**면** 面　**돈가스** 炸猪排
부드럽다 松软, 柔软，细腻　**오리** 鸭子　**전병** 煎饼　**껍질** 皮　**갈비찜** 炖排骨　**전통** 传统

对话

英秀	泡菜汤怎么做啊?
王伟	先烧水，然后把泡菜和猪肉切成小块儿放进去。
英秀	咸淡怎么调呢?
王伟	煮一会儿后，尝一尝，酌量放盐。
英秀	你是跟谁学的做韩国料理?
王伟	是跟房东阿姨学的。

문법 설명

01 부터

用在名词后，表示在很多种行为中最先做某种行为。

- 우선 손부터 씻고 드세요. 请先洗手后再用餐。
- 뭐부터 할까요? 应该先做什么呢?
- 청소부터 할까요? 설거지부터 할까요? 是先打扫呢? 还是先洗碗呢?
- 배가 고프니까 식사부터 합시다. 肚子饿了，先吃饭吧。

02 -게

用在状态动词或动作动词后，具体地表示后面动作动词的意思。

- 방을 깨끗하게 청소했습니다. 把房间打扫干净了。
- 잘 보이게 사진을 벽에 걸까요? 把相片挂在墙上容易看到的地方，怎么样?
- 편안하게 앉아서 기다리세요. 请随便坐着等一等吧。
- 손님들에게는 밝게 웃으세요. 面对客人要亲切地微笑。

04 밥그릇을 들고 먹으면 안 돼요

학습 목표 ● 과제 식사 예절을 알고 말하기 ● 문법 -어도 되다, -으면 안 되다 ● 어휘 상차림 관련 어휘

사람들은 무엇을 하고 있습니까?
한국에는 어떤 식사 예절이 있습니까?

윗사람 长辈
다른 别的，其他的
예절 礼节
들다 提，拿
양손 双手
내려놓다 放下

CD1:19~20

제임스 한국에서는 식사할 때 어떻게 해야 돼요?

미선 윗사람이 식사를 시작할 때까지 기다려야 해요.

제임스 아, 그래요. 또 다른 예절은 없어요?

미선 밥그릇을 들고 먹으면 안 돼요.

제임스 재미있군요. 젓가락과 숟가락을 양손에 들고 먹어도 돼요?

미선 아니요, 왼손은 내려놓고 오른손만 써야 돼요.

어휘

01 상차림 단어입니다

02 자기 나라의 상차림을 그리고 이름을 써 봅시다.

문법 연습

-어도/아도/여도 되다, -으면/면 안 되다

01 대화를 활용하십시오.

[보기] 가 : 아침 일찍 전화해도 돼요?
나1 : 네, 전화해도 돼요.
나2 : 아니요, 전화하면 안 돼요.

1) 가 : 책상 위에 있는 종이를 버려도 돼요?
나 : ______________________

2) 가 : 냉장고에 있는 우유를 제가 마셔도 돼요?
나 : ______________________

3) 가 : 모르는 게 있을 때 질문해도 돼요?
나 : ______________________

4) 가 : 이 지우개를 써도 돼요?
나 : ______________________

5) 가 : 미선 씨 전화번호를 친구에게 말해도 돼요?
나 : ______________________

02 그림을 보고 자기의 생각을 써 봅시다.

[보기]  도서관에서는	– 어도/아도 /여도 돼요	• 신문을 봐도 돼요.
	– 으면/면 안 돼요	• 큰 소리로 떠들면 안 돼요.
❶  우리 학교에서는	– 어도/아도 /여도 돼요	
	– 으면/면 안 돼요	
❷  비행기에서는	– 어도/아도 /여도 돼요	
	– 으면/면 안 돼요	
❸  영화관에서는	– 어도/아도 /여도 돼요	
	– 으면/면 안 돼요	
❹ 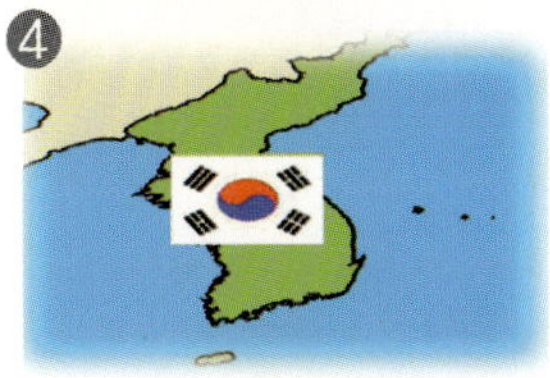 한국에서는	– 어도/아도 /여도 돼요	
	– 으면/면 안 돼요	
❺ 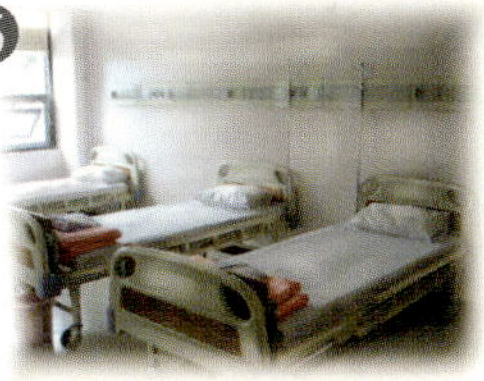 병원에서는	– 어도/아도 /여도 돼요	
	– 으면/면 안 돼요	

YONSEI KOREAN 2

과제 1 말하기

02 여러분 나라의 식사 예절에 대해서 써 봅시다.

한국에서는 어른이 먼저 수저를 드신 후에 아이들이 수저를 들어야 합니다.
한식을 먹을 때는 숟가락과 젓가락을 한 손에 같이 들고 먹으면 안 됩니다.
식사하는 자리에서 코를 풀면 안 됩니다.
그렇지만 음식을 먹을 때 소리를 조금 내도 됩니다.
어른이 식사를 마치기 전에 먼저 일어나면 안 됩니다.

우리나라(　　　　　　　　)에서는 ____________________

____

____

____

코 鼻子　풀다 解开　소리 声音　내다 出, 交　마치다 完, 结束

과제 2 쓰기

02 여러분 나라의 식사 예절에 대해서 써 봅시다.

우리나라의 식사 예절은 여러 가지가 있습니다.

재미있는 식사 예절도 있습니다.

우리나라의 식사 예절은 한국와 다릅니다.

그래서 저는 한국에서 식사할 때 실수를 한 적이 있습니다.

실수 错误, 失误

对话

詹姆斯	在韩国用餐时该怎么做?
美 善	要等到长辈开始用餐时才可以吃。
詹姆斯	啊，是吗? 还有其他的吗?
美 善	不可以端起饭碗吃饭。
詹姆斯	挺有意思呀。用双手拿着筷子和勺子来吃，也可以吗?
美 善	不是的，左手放下不用，只能用右手。

문법 설명

01 -어도/아도/여도 되다

用在动作动词后，表示允许做所说的内容。也用与"-어도 돼요?"类似的提问形式。

- 여기에 앉아도 됩니다. 可以在这里坐着。
- 이제 웃어도 돼요. 现在可以笑了。
- 조금 늦게 출발해도 돼요. 可以晚一点儿出发。
- 여기에서 담배를 피워도 돼요? 可以在这里吸烟吗?

02 -으면/면 안 되다

用在动作动词或状态动词后，表示禁止或限制所说的内容。一般用"-어도 돼요?"来问是否允许，不允许时用"-으면 안 돼요"来回答。

- A : 내일 좀 늦어도 돼요?
  B1 : 네, 좀 늦어도 돼요. 바쁜 일이 없어요.
  B2 : 아니요, 내일은 늦으면 안 돼요. 아침부터 아주 바빠요.

  A : 明天可以晚点儿吗?
  B1 : 可以，可以晚点儿，没有什么要紧的事儿。
  B2 : 不可以，明天不能晚，早上会很忙。
- 길 옆에 주차하면 안 돼요.
  不可以在路边停车。
- 날짜가 지난 음식이니까 먹으면 안 돼요.
  过了有效期的食品不可以吃。
- 공부방은 너무 어두우면 안 돼요.
  学习的房间太黑了不行。

05 정리해 볼까요?

01 발음을 연습합시다. [CD1:21]

김치찌개는 어떻게 만들어요?

김치와 돼지고기를 작게 썰어서 넣으세요

윗사람이 식사를 시작할 때까지 기다려야 해요

왼손은 내려놓고 오른손만 써야 돼요

02 (가)와 (나)에서 단어를 하나씩 골라 문장을 만드십시오.

(가)	(나)
그릇	굽다
고추장	끓이다
기름	담다
물	볶다
불	비비다
칼	썰다

[보기] 그릇에 밥을 조금만 담아 주세요.

03 대화를 만드십시오.

1) 가 : __________________ 어/아/여 봤어요?

나 : 아니요, __________________ 지 못했어요.

가 : 저는 __________________ 은/ㄴ 적이 있어요.

나 : 어땠어요?

가 : __________________ 었어요/았어요/였어요.

[보기] 가: 삼계탕을 먹어 보았어요?

나: 아니요, 삼계탕을 먹어 보지 못했어요.

가: 저는 지난 여름에 먹은 적이 있어요.

나: 어땠어요?

가: 좀 뜨거웠는데 맛이 있었어요.

정리

2) 가 : ______________________ 어도/아도/여도 돼요?

나 : 아니요, ______________________ 으면/면 안 돼요.

가 : 그럼, 어떻게 ______________________ 어야/아야/여야 해요?

나 : ______________________ 어야/아야/여야 해요.

[보기] 가: 교실에서 통화를 해도 돼요?
나: 아니요, 교실에서 통화를 하면 안 돼요.
가: 그럼, 어떻게 전화를 받아야 해요?
나: 밖에 나와서 받아야 해요.

3) 가 : ______________________ 으면/면 무엇을 제일 먼저 해요?

나 : 우선 __________ 부터 ______________________ 어요/아요/여요.

[보기] 가: 친구 집에 가면 무엇을 제일 먼저 해요?
나: 우선 부모님께 인사부터 해요.

04 이야기해 봅시다.

내가 먹은 적이 있는 인상적인 음식

음식 이름	
먹은 때	
먹은 곳	
같이 먹은 사람	
인상적인 이유	

위의 이야기를 써 보십시오.

불 火，电　인상적 印象深刻的　곳 -的地方　이유 理由

리에가 본 한국

한국의 장맛 [CD1:22]

저는 한국에 와서 여러 가지 한국 음식을 먹어 봤어요. 한국 음식에는 된장, 고추장, 간장이 많이 들어가요. 그래서 저는 장에 관심이 생겼어요. 한국의 장은 좀 특별한 것 같아요.
저는 지난 주에 한국 친구의 할머니 댁에 놀러 갔어요. 할머니 댁 마당에는 이상한 큰 그릇들이 있었어요. 친구는 그것이 '장독'이라고 했어요.
장독 안에는 된장, 고추장, 간장이 있었어요. 할머니께서는 된장, 고추장, 간장의 좋은 점을 설명해 주셨어요.

간장 | 고추장 | 된장

된장은 콩과 소금으로 만들어요. 된장은 생선이나 고기의 나쁜 냄새를 없애 주고 음식 맛을 부드럽게 해 줘요.
고추장은 콩과 찹쌀가루와 고춧가루로 만들어요. 고추장에는 여러 가지 재료가 들어가서 구수한 맛, 단맛, 매운맛, 짠맛이 같이 있어요.
고추장이 들어가는 음식이 많아요.
간장은 콩과 소금과 물로 만들어요.
한국 사람들은 국을 끓일 때 보통 간장으로 간을 맞춰요.
된장, 고추장, 간장은 모두 발효 식품이에요. 그래서 오랫동안 맛이 변하지 않고 건강에도 아주 좋아요.

1. 여러분 나라에는 한국의 된장, 고추장, 간장과 비슷한 것이 있습니까?
2. 건강에 좋은 음식은 무엇입니까?

된장 大酱　**장독** 酱缸　**냄새** 味儿　**없애다** 消除，除去　**찹쌀가루** 糯米粉
구수하다 (味道)香　**발효 식품** 发酵食品

제3과 시장

01 물건이 좋기는 하지만 값이 너무 비싸요

학습 목표 ● 과제 백화점에서 물건 사기 ● 문법 -을까 하다 / -기는 하지만 ● 어휘 백화점 이용과 관련된 어휘

두 사람은 무슨 이야기를 합니까?
시장과 백화점은 무엇이 다릅니까?

CD1:23~24

마리아 지금 백화점에 가는데 같이 가시겠어요?

미선 뭘 사러 가세요?

마리아 학교에 행사가 있어서 정장을 한 벌 살까 해요.

미선 백화점은 물건이 좋기는 하지만 값이 너무 비싸요.

마리아 그렇지만 시장은 백화점보다 물건을 고르기가 힘들어요.

미선 제가 같이 가서 도와드리겠어요.

행사 活动
정장 正装
고르다 选

어휘

01 백화점에 여러 가지 물건이 있습니다.

02 사고 싶은 물건이 있습니다. 어디로 가야 합니까?

[보기] 가방 : 패션 잡화

운동복: ____________

냉장고: ____________

케이크: ____________

치마 : ____________

문법 연습

-을까/ㄹ까 하다

01 그림을 보고 대답하십시오.

[보기]

가 : 주말에 뭘 할 거예요?
나 : 친구와 같이 영화를 볼까 합니다.

❶

가 : 손님, 뭘 찾으세요?
나 : ______________________

❷

가 : 방학에 뭘 할 계획이에요?
나 : ______________________

❸

가 : 부산까지 어떻게 가실 거예요?
나 : ______________________

❹

가 : 부모님께 무슨 선물을 드릴 거예요?
나 : ______________________

❺

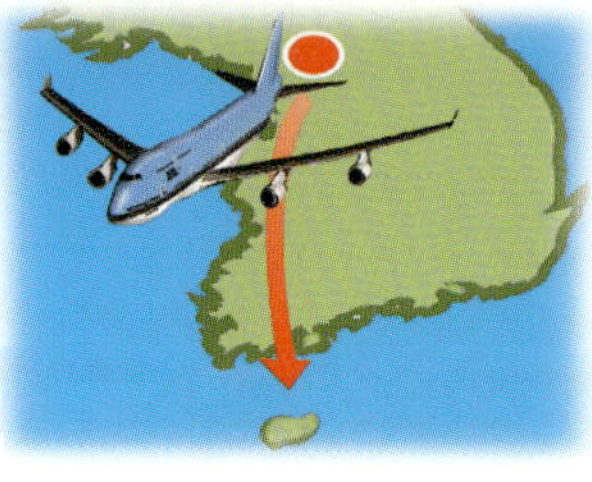

가 : 고향에서 친구들이 오면 뭘 할 거예요?
나 : ______________________

-기는 하지만

02 대화를 완성하십시오.

[보기] 가 : 여행을 좋아하세요?
나 : 좋아하기는 하지만 자주 가지 못해요.

1) 가 : 테니스를 칠 수 있어요?
나 : ________________

2) 가 : 공부하기가 재미있어요 ?
나 : ________________

3) 가 : 하숙집 아주머니가 친절해요?
나 : ________________

4) 가 : 학교에서 생활하기가 어때요?
나 : ________________

5) 가 : 생일 선물로 받은 가방이 마음에 들어요?
나 : ________________

과제 1 말하기

두 가지 중에서 하나를 선택하고 이유를 이야기하십시오.

[보기]

저는 배낭을 사겠습니다.
서류 가방이 배낭보다 멋있기는 하지만
불편할 것 같습니다.

❶

❷

❸

❹

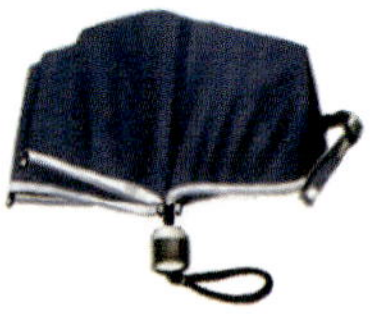

❺

배낭 背包，行囊 서류 가방 公文包

과제 2 쓰고 말하기

백화점에서 물건을 사려고 합니다. 쇼핑 계획을 세우고 이야기해 봅시다.

[보기] 지난주에 한국으로 유학을 왔습니다.
아파트를 빌려서 혼자 삽니다.

먼저 가전제품 매장으로 가겠습니다. 텔레비전도 사야 하고 냉장고도 사야 합니다. 그리고 식품 매장에도 가겠습니다. 제가 음식을 만들어야 하기 때문에 요리 재료가 필요합니다.

1) 다음 주부터 여름 휴가입니다.
가족과 함께 해외여행을 가려고 합니다.

2) 졸업을 하고 회사에 취직을 했습니다.
다음 주 월요일부터 출근해야 합니다.

3) 이번 방학에 고향에 가겠습니다.
가족과 친구들에게 줄 선물을 사려고 합니다.

매장 销售地, 专柜, 卖场 **재료** 材料

对话

玛丽亚	我现在去百货商店，要不要一起去?
美　善	买什么?
玛丽亚	学校里有活动，我想买一身正装。
美　善	百货商店东西虽好，只是价格太贵了。
玛丽亚	可是与百货商店相比，在市场不好选东西。
美　善	我可以一起去帮你选。

문법 설명

01 -기는 하지만

用在动作动词、状态动词之后，表示虽然同意前句所说的内容，但与之相对的后句内容也存在。说话人所强调的内容在后句。

- 이 옷은 질이 좋기는 하지만 값이 너무 비싸요. 这件衣服质量好是好，但价格太贵了。
- 오피스텔이 편하기는 하지만 좀 시끄러워요. 办公综合楼舒适是很舒适，但就是有点儿吵。
- 영수와 자주 만나기는 하지만 별로 친하지 않아요. 虽然和英秀经常见面是经常见面，但并不是很熟。
- 신촌식당은 분위기가 좋기는 하지만 음식값이 너무 비싸요. 虽然新村饭店的环境氛围好是好，但是饭菜价格太贵了。

02 -을까/ㄹ까 하다

用在动作动词之后，表示说话人的计划或意图，这时说话人的计划或意图还不完全成熟，仍在考虑中

- 방학에 부모님을 모시고 여행을 갈까 해요. 我正考虑放假陪父母去旅行。
- 영어를 배울까 하는데 어느 학원이 좋아요? 我正考虑学英语，哪个补习班比较好呢?
- 이번 크리스마스는 가족과 함께 지낼까 합니다. 我正考虑和家人一起过圣诞节。
- 다음 학기에는 하숙집으로 이사를 할까 합니다. 我正考虑下个学期搬到校外去寄宿。

02 이거 입어 봐도 돼요?

학습 목표 ● 과제 시장에서 물건사기 ● 문법 -어 보다[2], -는데[3] ● 어휘 옷의 종류와 특징 관련 어휘

미선 씨와 마리아 씨가 무엇을 합니까?
마리아 씨와 가게 주인이 무슨 이야기를 할까요?

CD1:25~26

주인 어서 오세요. 뭘 드릴까요?

마리아 저쪽에 있는 하늘색 정장 좀 보여 주세요.

주인 여기 있습니다. 손님은 얼굴이 하얘서 밝은 색이 잘 어울릴 거예요.

마리아 이거 입어 봐도 돼요?

주인 그럼요. 저기 오른쪽에 갈아입는 곳이 있어요.

마리아 이건 좀 작을 것 같은데 한 치수 큰 것으로 주세요.

하늘색 天蓝色
하얗다 白色
어울리다 适合
갈아입다 换穿
치수 (衣服、鞋等的)号码

어휘

01 여러 가지 옷과 특징입니다.

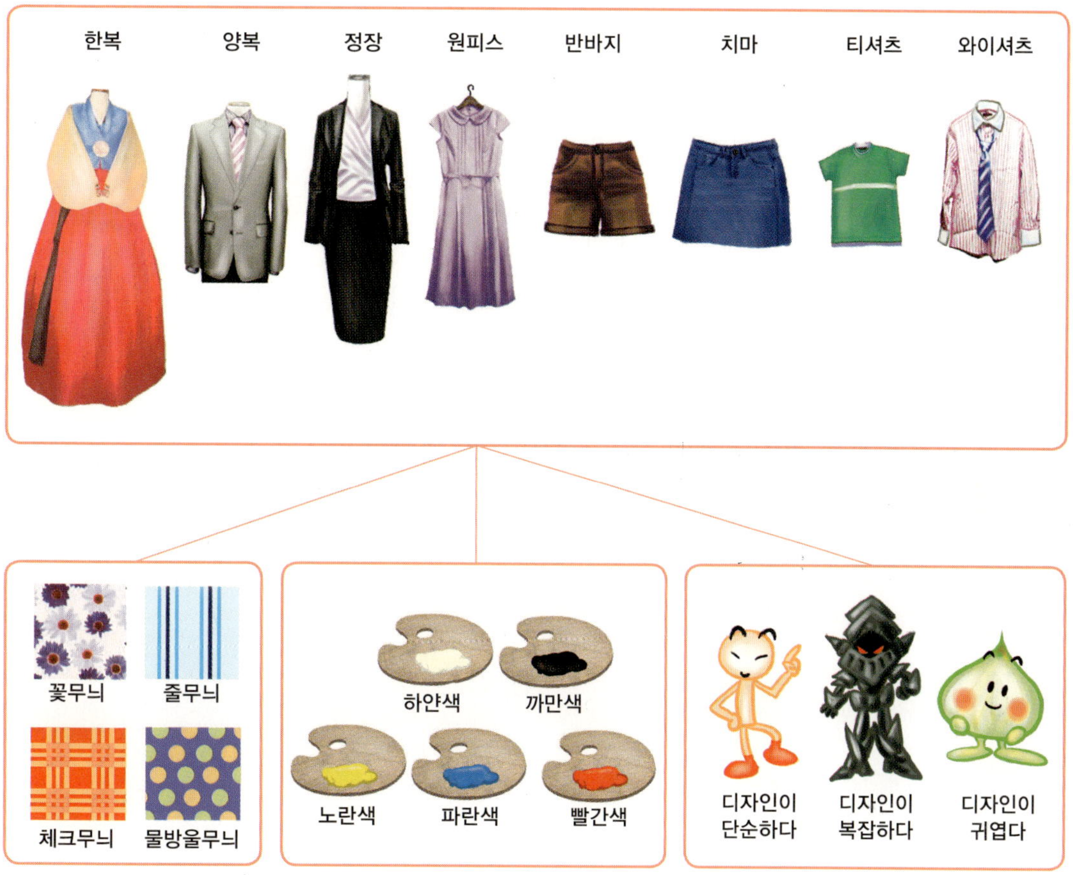

02 어떤 것들이 어울립니까?

[보기] 한복에는 꽃무늬와 노란색이 잘 어울릴 것 같아요.
그리고 한복은 디자인이 단순한 것이 좋을 것 같아요.

문법 연습

-어/아/여 보다²

01 문장을 만드십시오.

[보기] 이 음식은 맛있고 건강에도 좋아요.
쉬우니까 집에서 만들어 보세요.

1) 이 바지가 정말 편해요.

______________ 어/아/여 보세요.

2) 웨이 씨가 도와 줄 수 있을 거예요.

______________ 어/아/여 보세요.

3) 이 구두를 신으면 발이 편하실 거예요.

______________ 어/아/여 보세요.

4) 목소리가 좋아서 노래를 잘 하실 것 같아요.

______________ 어/아/여 보세요.

5) 동대문 시장에는 볼 것도 많고 먹을 것도 많아요.

______________ 어/아/여 보세요.

-는데, -은데/ㄴ데³

02 관계있는 것끼리 연결하고 문장을 만드십시오.

김 선생님을 만나러 갑니다 •	• 빨리 오세요
저도 그 책을 읽고 싶습니다 •	• 같이 식사합시다
눈이 많이 옵니다 •	• 다시 설명해 주세요
이해하기가 어렵습니다 •	• 같이 갑시다
모두가 기다리고 있습니다 •	• 조심해서 운전하십시오
내일이 양견 씨 생일입니다 •	• 좀 빌려 주십시오

[보기] 김 선생님을 만나러 가는데 같이 갑시다.

1) ______________________

2) ______________________

3) ______________________

4) ______________________

5) ______________________

과제 1 말하기

여러분은 시장의 가게 주인입니다. 손님들에게 물건을 추천하십시오.

[보기] 이 원피스는 아주 가볍고 시원합니다.
한번 입어 보세요.

-
-
-
-
-

과제 2 말하기

사고 싶은 물건을 선택하고 이야기해 봅시다.

1) 옷 가게에서

[보기] 점원 : 어서 오세요. 뭘 찾으십니까?
손님 : 원피스를 사려고 하는데요.
점원 : 이 분홍색 원피스는 어떠세요?
손님 : 색은 괜찮지만 무늬가 마음에 안 들어요.
점원 : 그럼 이건 어때요? 요즘은 꽃무늬가 유행이에요.
손님 : 좋아요. 그런데 얼마예요?
점원 : 6만 원인데 조금 더 싸게 해 드릴 수 있어요.
손님 : 그럼 5만 5천 원에 주세요.
점원 : 네, 그렇게 하세요. 그리고 다음에 또 오세요.
손님 : 네, 안녕히 계세요.

분홍색 粉红色

점원 : ______________________________

손님 : ______________________________

점원 : ______________________________

손님 : ______________________________

점원 : ______________________________

손님 : ______________________________

점원 : ______________________________

손님 : ______________________________

2) 과일 가게에서

3) 신발 가게에서

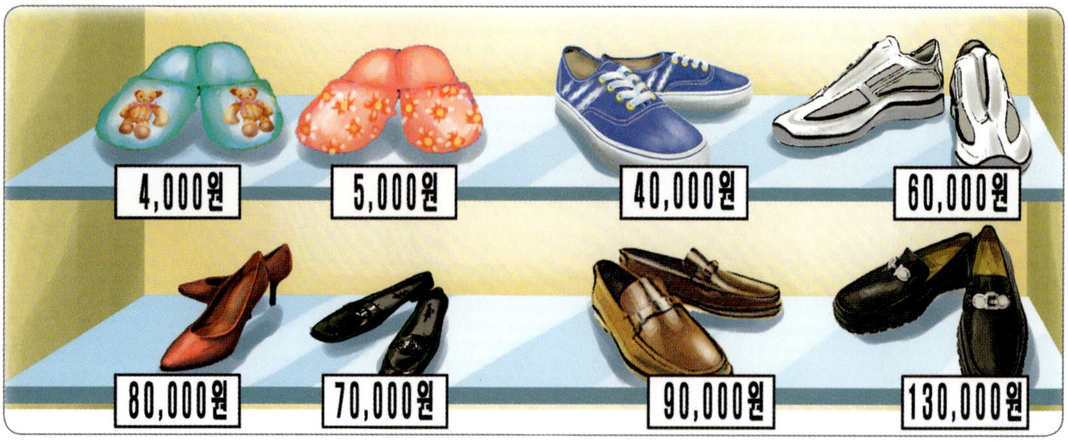

4) 액세서리 가게에서

100,000원
150,000원
200,000원
300,000원
30,000원
50,000원
8,000원
10,000원

对话

店主人	欢迎光临，需要点儿什么?
玛丽亚	请给我看一下那边那套天蓝色的正装。
店主人	给您。您脸白，很适合浅色衣服。
玛丽亚	可以试穿吗?
店主人	当然，那边右侧有试衣间。
玛丽亚	这套有点儿小，请您给我拿一套大一号的。

문법 설명

01 -어/아/여 보다[2]

用在动作动词词干之后，表示“尝试做没有做过的事情”。

- 유럽에 한번 가 보고 싶습니다. 我想去一次欧洲。
- 제가 만든 김밥을 한번 드셔 보세요. 尝尝我做的紫菜包饭吧。
- 누구든지 쉽게 할 수 있으니까 만들어 보세요. 谁都可以轻松地做，你也做着试试吧。
- 이 티셔츠가 마음에 드는데 입어 볼 수 있어요? 我看中了这件衬衫，可以试一试吗?

02 -는데, -은데/ㄴ데[3]

状态动词之后用“-은데/ㄴ데”，动作动词之后用“-는데”。前句说明说话人所知道的状况，后句连接在前句的状况下可能实现的命令句或共动句。

- 맛이 좀 이상한데 버리세요. 味道变了，扔掉吧。
- 할 일이 많은데 좀 도와주세요. 要做的事情很多，帮帮我吧。

- 심심한데 같이 영화나 볼까요? 挺无聊的，一起去看场电影怎么样?
- 지금 비가 많이 오는데 조금 후에 출발합시다. 现在雨下得太大了，等一会儿再出发吧。

03 계산은 카드로 하겠습니다

학습 목표 ● 과제 슈퍼마켓에서 물건사기 ● 문법 으로 하다, -어도 ● 어휘 생활필수품 관련 어휘

리에 씨는 무엇을 합니까?
두 사람이 무슨 이야기를 할까요?

CD1:27~28

리에 계산 부탁합니다.

주인 물건을 봉투에 넣어 드릴까요?

리에 아니요. 가방을 가지고 왔어요. 그리고 계산은 카드로 하겠습니다.

주인 여기에 서명해 주세요.

리에 그런데 직접 오지 않고 전화로 주문해도 배달해 줍니까?

주인 네. 아침 10시부터 밤 10시까지 배달해 드립니다.

계산 结账, 计算
봉투 包装袋, 方便袋, 信封
서명하다 签字
직접 直接
배달하다 送货

어휘

01 슈퍼마켓에서 볼 수 있습니다.

02 다음 물건을 찾으려면 어느 매장으로 가야 합니까?

[보기] 라면 – 식료품 매장

1) 휴지 –

2) 딸기 우유 –

3) 커피 잔 –

4) 쌀 –

5) 껌 –

문법 연습

으로/로 하다

01 대답을 찾아서 쓰십시오.

- 첫째 주는 모두 바쁘니까 둘째 주로 합시다.
- 한식으로 합시다.
- 흰색이나 베이지색으로 하세요.
- 학생들이니까 책으로 합시다.
- 저는 커피로 하겠습니다.
- 카드로 하겠습니다.

[보기] 가 : 뭘 드시겠어요?
나 : 저는 커피로 하겠습니다.

1) 가 : 선물은 뭐가 좋을까요?
나 : ________________

2) 가 : 음식은 뭘로 준비할까요 ?
나 : ________________

3) 가 : 가방은 무슨 색으로 할까요?
나 : ________________

4) 가 : 계산은 어떻게 하시겠습니까?
나 : ________________

5) 가 : 다음 모임은 12월 첫째 주가 어떻습니까?
나 : ________________

-어도/아도/여도

02 그림을 보고 문장을 완성하십시오.

[보기]

비가 와도 여행을 갑니다.

❶

아파도 ______________________

❷

______________________ 어도/아도/여도 정상까지 가겠어요.

❸

____

❹

____

❺

____

과제 1 말하기

슈퍼마켓에 왔습니다. 무엇으로 하시겠습니까?

[보기] 손님 : 할아버지, 할머니께서 오시는데 무슨 과일이 좋을까요?
점원 : 배로 하세요. 배는 달고 물이 많아서 노인들이 좋아해요.
손님 : 그런데 배는 너무 비싼데요.
점원 : 그럼 사과로 하세요. 이 사과는 별로 시지 않고 맛이 아주 좋아요.

- 손님 : 탕수육을 만들려고 하는데 무슨 고기가 좋을까요?
  점원 : ______ 값도 싸고 맛도 더 좋아요.
  손님 : 그런데 ______
  점원 : 그럼 ______

- 손님 : 라면을 끓일 냄비를 사려고 하는데 어느 것이 좋을까요 ?
  점원 : ______
  손님 : 그런데 ______
  점원 : 그럼 ______

- 손님 : ______
  점원 : ______
  손님 : 그런데 ______
  점원 : 그럼 ______

- 손님 : ______
  점원 : ______
  손님 : ______
  점원 : ______

노인 老人

과제 2 듣기 [CD1:29]

• 듣고 대답하십시오.

01

1) 이 물건을 사려면 어디로 가야 합니까? (　　　)

❶ 과일 코너
❷ 채소 코너
❸ 생선 코너
❹ 곡물 코너

2) 이 물건의 값은 얼마입니까?
(　　　　　　　　　　　　)원

02

1) 무엇을 세일합니까? (　　　)

❶ 닭
❷ 인삼
❸ 대추
❹ 삼계탕 재료

2) 지금부터 몇 명이 더 살 수 있습니다?
(　　　　　　　　　　　　)명

03

1) 세일하기 전에 갈치는 한 마리에 얼마였습니까? (　　)

❶ 이천 원
❷ 이천오백 원
❸ 오천 원
❹ 만 원

2) 왜 갈치를 세일합니까?
(　　　　　　　　　　　　　　　　　　)

04

1) 지금은 어느 계절입니까?
( )

2) 연세 아이스크림은 한 개에 얼마입니까? ( )

❶ 이백오십 원

❷ 삼백 원

❸ 오백 원

❹ 천 원

05

1) 무엇을 세일합니까?
( ), ( )

2) 세일하는 채소를 5개씩 사면 모두 얼마입니까?

❶ 천오백 원

❷ 이천오백 원

❸ 삼천오백 원

❹ 육천 원

세일하다 打折

对话

理　惠　请结账。
店主人　把东西给您装在包装袋里吗？
理　惠　不用。我带了兜儿。还有，我用信用卡结账。
店主人　请在这儿签字。
理　惠　如果不直接到店里来，通过打电话订货的话，可以给送货吗？
店主人　可以。上午10点到晚上10点之间送货。

문법 설명

01 으로/로 하다

用在名词后表选择。

- 선물은 케이크로 하는 게 어때요?　用蛋糕作礼物怎么样?
- 책 제목은 '한국어와 함께' 로 했어요.　书名定为"与韩语同行"了。
- 회의는 다음 주 월요일 2시로 합시다.　会议就定在下周一2点吧。
- 우리 반 대표는 야마다 씨로 하겠습니다.　我们班选山田为班长。

02 -어도/아도/여도

用在动作动词和状态动词之后，表示即使假定前句的内容成立，所预想的结果也不会在后句发生。

- 공기가 없어도 살 수 있습니까?　没有空气也可以生存吗?

• 김치는 날마다 먹어도 싫증이 나지 않아요.	泡菜即使每天吃也不会厌倦。
• 수업 시간에는 모르는 단어가 있어도 사전을 찾지 마세요.	在上课时间，即使遇到不会的单词，也不要查字典。
• 늦게 오셔도 기념품을 받을 수 있으니까 걱정하지 마세요.	即使来晚了也可以拿到纪念品，所以请不要担心。

04 광고를 보니까 10만 원짜리가 좋을 것 같아요

학습 목표 ● 과제 물건 주문하기 ● 문법 -으니까, -었으면 좋겠다 ● 어휘 축하 선물 관련 어휘

제임스 씨가 무엇을 하고 있습니까?
제임스 씨가 무슨 말을 할까요?

CD1:30~31

제임스	여보세요? 꽃바구니를 하나 주문하려고 합니다.
꽃집 주인	어떤 것으로 보내 드릴까요?
제임스	광고를 보니까 10만 원짜리가 좋을 것 같아요.
꽃집 주인	예쁘게 만들어 드리겠습니다.
제임스	선물이 친구 마음에 들었으면 좋겠어요.
꽃집 주인	좋아하실 거예요. 받으실 분의 주소를 말씀해 주세요.

바구니
篮子(花篮)

광고
广告

마음에 들다
满意,
称心,
喜欢

어휘

01 여러 가지 선물이 있습니다.

꽃다발	와인	과일	시디(CD)

반지	시계	손수건	목도리

장갑	넥타이	향수	책

구두	거울	현금	가방

02 무슨 선물을 하겠습니까?

[보기] 내일은 여자 친구 생일입니다.
꽃다발과 향수를 선물할 거예요.

1) 가 : 내일은 동생 생일입니다.
   나 : ____________________

2) 가 : 사촌 누나가 결혼을 합니다.
   나 : ____________________

3) 가 : 친구가 회사에 취직했습니다.
   나 : ____________________

4) 가 : 동생이 고등학교를 졸업합니다.
   나 : ____________________

5) 가 : 친구가 새 집으로 이사를 했습니다.
   나 : ____________________

문법 연습

-으니까/니까

01 그림을 보고 문장을 만드십시오.

[보기]

집에 가니까 할머니께서 계셨어요.

❶

❷

❸

❹

❺

-었으면/았으면/였으면 좋겠다

02 문장을 만드십시오.

[보기] 내일이 크리스마스입니다.
오늘밤에 눈이 왔으면 좋겠습니다.

1) 오늘은 너무 피곤합니다.

2) 다음 주에 언니가 결혼을 합니다.

3) 내일 친구들과 놀이공원에 갈 거예요.

4) 저는 내년에 대학교를 졸업해요.

5) 친구가 미국으로 공부하러 가요.

과제 1 쓰기

다음 그림을 보고 순서대로 번호를 쓰십시오.

(1)

(   )

(   )

(   )

(   )

(   )

그림의 순서대로 이야기를 만들어서 써 봅시다.

[보기] 집에 오니까 가족들이 없었어요.

과제 2 말하기

전화로 주문해 봅시다.

1) 중국집

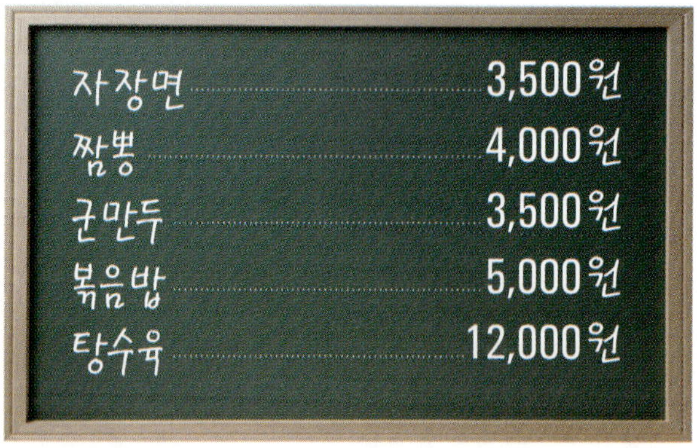

[보기] 손님 : 여보세요? 중국집이지요?
점원 : 네, 말씀하세요.
손님 : 자장면 둘하고 짬뽕 셋, 탕수육 하나 배달해 주세요.
점원 : 네, 주소를 말씀해 주세요.
손님 : 여기는 신촌동 145번지예요. 세탁소 옆 하숙집 3층이에요.
점원 : 네, 알겠습니다. 그리고 군만두는 서비스로 드리겠습니다.
손님 : 감사합니다. 그럼 모두 얼마예요?
점원 : 잠시만요. 31,000원입니다. 감사합니다.

점원 :

손님 :

점원 :

손님 :

점원 :

손님 :

점원 :

손님 :

2) 피자 가게

콤비네이션 피자	15,000원
불고기 피자	18,000원
감자 피자	16,000원
해물 피자	17,000원
파인애플 피자	16,000원

3) 슈퍼마켓

휴지	5,000원/10개
비누	
오렌지 주스	
햄	
생수	

4) 홈쇼핑

YS 디지털 카메라	345,000원
DM 전자사전	190,000원
OZ MP3 플레이어	126,000원
NT 스팀청소기	138,000원
KX 노트북 컴퓨터	1,350,000원

군만두 煎饺，锅贴 **서비스** 服务，义务，免费赠送 **콤비네이션 피자** 土豆综合比萨饼
감자 土豆 **비누** 肥皂 **햄** 火腿 **생수** 矿泉水 **디지털 카메라** 数码相机 **전자사전** 电子词典
MP3 플레이어 MP3播放器 **스팀 청소기** 蒸汽吸尘器

对话

詹 姆 斯 喂? 我想定一个花篮。
花店主人 给您送哪一种呢?
詹 姆 斯 看了广告，觉得10万元的比较好。
花店主人 我们一定全心为您做一个漂亮的。
詹 姆 斯 真希望朋友满意这个礼物。
花店主人 一定会喜欢的。请说一下收花人的地址。

문법 설명

01 -으니까/니까

用在动作动词之后表示完成该动作之后发现了以前所不知道的内容。前句的主语一般是第1人称，而后句的主语一般是第3人称。说话人在前句的行为完成之前不知道后句的内容。

- 창밖을 보니까 눈이 오고 있었어요. 一看窗外，(发现)正在下雪。
- 집안에 들어가니까 아무도 없었어요. 回到家，(发现)谁都不在。
- 다시 생각해 보니까 제가 잘못한 것 같아요. 重新一想，觉得好像是我做错了。
- 김치를 먹어 보니까 제 생각보다 맵지 않아요. 吃过泡菜，觉得并没有想象中的辣。

02 –었으면/았으면/였으면 좋겠다

用在动作动词、状态动词后表示希望、愿望。

- 듣기시험이 쉬웠으면 좋겠다. 听力考试容易一点就好了。
- 올 겨울은 따뜻했으면 좋겠어요. 今年冬天暖和一点就好了。
- 한국말을 잘 했으면 좋겠어요. 韩语说得好一点就好了。
- 노래대회에서 우리 반이 1등을 했으면 좋겠어요. 真希望我们班在歌咏比赛上获得一等奖。

05 정리해 볼까요?

01

발음을 연습합시다. [CD1:32]

물건을 고르기가 힘들어요

밝은 색이 잘 어울릴 거예요

직접 오지 않고 전화로 주문해도 배달해 줍니까?

꽃바구니를 하나 주문하려고 합니다

02

여러분이 혼자 생활하려고 합니다. 무슨 물건이 필요할까요?

장소	필요한 물건	이유
방		
부엌		
화장실		

03

다음 문법을 써서 이야기를 완성하십시오.

-기는 하지만 　 -어/아/여 보다 　 -는데, -은데/ㄴ데 　 으로/로 하다

-으니까/니까 　 -을까/ㄹ까 하다 　 -었으면/았으면/였으면 좋겠다

정리

마리아는 지난 주말에 옷가게에 갔습니다.

정리

04 이야기하십시오.

여러분이 가지고 있는 물건을 설명하십시오.

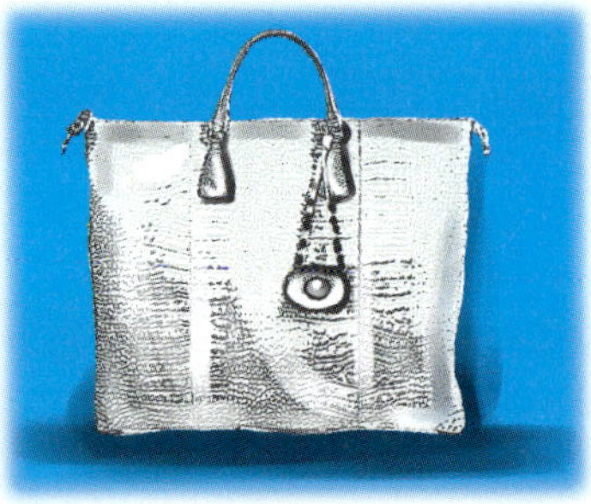
핸드백

산 곳	동대문 시장
값	3만 원
좋은 점	커서 물건을 많이 넣을 수 있다. 튼튼해서 쉽게 찢어지지 않는다.
나쁜 점	흰색이어서 쉽게 더러워진다. 가죽이어서 세탁하기가 어렵다

[보기] 이것은 작년에 제가 동대문 시장에서 산 핸드백이에요.
처음 값은 3만 5천 원이었는데 값을 깎아서 3만 원에 샀어요.
가방이 커서 책 여러 권과 CD 플레이어를 넣고 다녀요.
그리고 튼튼해서 무거운 것을 많이 넣어도 찢어지지 않아요.
그렇지만 흰 색이어서 금방 더러워지는 건 안 좋아요.
그리고 가죽 제품이어서 세탁을 하기도 어려워요.

산 곳	
값	
좋은 점	
나쁜 점	

핸드백 手提包 튼튼하다 结实 찢어지다 破
더러워지다 变脏 가죽 皮革 깎다 讨价还价 제품 产品

리에가 본 한국

한국의 시장 [CD1:33]

여러분은 한국에서 물건을 살 때 어디로 가세요?
저는 값이 싸고 물건이 많은 남대문 시장과 동대문 시장에 자주 가요.
남대문 시장과 동대문 시장에는 물건을 직접 만드는 가게가 많아요. 가게들은 보통 밤 10시 30분부터 문을 열기 시작해요. 새벽 3시쯤이 되면 손님들이 많이 모입니다. 이런 특별한 광경을 보려고 외국인들도 많이 찾아옵니다.

시장은 백화점보다 주차장과 쉴 곳이 적습니다. 그리고 물건이 마음에 들지 않을 때 바꾸기가 쉽지 않아요. 어떤 시장은 3일이나 5일마다 열리기 때문에 이용하기가 불편합니다. 그렇지만 신선한 식품을 싸게 살 수 있고 주인과 이야기해서 물건 값을 깎을 수 있습니다.
여러분도 시장의 물건 값이 비쌀 때는 이렇게 말해 보세요.
"아저씨(아줌마), 너무 비싸요. 좀 깎아 주세요."
한국에는 특별한 시장도 있습니다. 서울에서 유명한 시장은 한약을 많이 파는 경동시장과 가락동 농수산물시장, 노량진 수산시장, 강남 꽃시장, 종로 보석상가, 그리고 악기로 유명한 낙원상가, 용산 전자상가 등이 있습니다.
이 시장에는 같은 물건들이 모여 있어서 다른 시장에서보다 더 싸게 살 수 있어요.

경동시장

가락동 농수산물시장

노량진 수산시장

종로 보석상가

1. 남대문 시장과 동대문 시장에는 왜 새벽에 사람들이 많이 갈까요?
2. 저는 신선한 채소를 싸게 사고 싶습니다. 어디에 가면 좋을까요?
3. 여러분 나라에도 특별한 시장이 있습니까?

광경 光景，景色　**주차장** 停车场　**신선하다** 新鲜　**특별하다** 特别
한약 韩药，中药　**농수산물** 农产品和水产品　**보석** 宝石，珠宝　**악기** 乐器

제4과 초대

01 몇 명만 초대해서 저녁이나 같이 먹으려고 해

학습 목표 ● 과제 생일에 초대하기 ● 문법 반말(-어, 이야), 이나[1] ● 어휘 생일 파티 관련 어휘

미선 씨와 리에 씨가 무엇을 하고 있습니까?
두 사람이 무슨 이야기를 할까요?

파티 开派对
초대하다 邀请
잊다 忘记
꼭 一定

CD1:34~35

미선 다음 주 수요일에 내 생일 파티를 하려고 하는데 시간 있어?
리에 응, 다른 약속은 없어. 친구들을 많이 초대할 거야?
미선 아니. 몇 명만 초대해서 저녁이나 같이 먹으려고 해.
리에 무슨 선물을 받고 싶어? 필요한 게 있으면 얘기해.
미선 선물은 안 가지고 와도 되니까 잊지 말고 꼭 와.
리에 그럼 선물은 내가 생각해 보고 준비할게.

어휘

01 생일 파티를 하고 있습니다.

02 빈칸을 채우십시오.

어제는 제 생일이었어요.
한국에서의 첫 번째 생일이어서 친구들을 많이 초대했어요.
저는 친구들이 오기 전에 간단한 음식을 준비했어요.
친구들은 선물도 준비하고 (　　　　　)도 써서 저에게 주었어요.
우리는 다 같이 생일 축하 노래를 불렀어요.
제가 생일 케이크의 (　　　　　　　　　)을/ㄹ 때 친구들은
(　　　　　　　　　　　　　　).
한 친구가 (　　　　　　　　　　　)어서/아서/여서 모두 깜짝 놀랐어요.
같이 (　　　　　　　　　　　)어서/아서/여서 먹었어요.
정말 즐거운 생일이었어요.

문법 연습

-어/아/여, 이야/야

01 빈칸을 채우십시오.

-어요/아요/여요 ➔ -어/아/여	기숙사에서 살아요	기숙사에서 살아
	친구를 만났어요	
	어디에서 오셨어요?	
	같이 가요	
	지금 얘기하세요	
	일찍 올게요	

이에요/예요 ➔ 이야/야	한국 사람이에요	한국 사람이야
	제 친구예요	
	9시까지 올 거예요	

이나/나¹

02 그림을 보고 문장을 완성하십시오.

[보기]

가 : 뭘 드시겠어요?

나 : 아직 배가 고프지 않으니까 물이나 좀 주십시오.

❶

가 : 졸업한 후에 뭘 하실 거예요?

나 : 시간이 좀 있으니까 ______________________

____

❷

가 : 생일에 무슨 선물을 받고 싶으세요?

나 : 선물은 안 받아도 되니까 ______________________

____

❸

가 : 같이 영화 보러 갑시다.

나 : 오늘은 피곤하니까 ______________________

____

❹

가 : 내일 무슨 음식을 준비하실 거예요?

나 : 준비할 시간이 없으니까 ______________________

____

❺

가 : 우리도 저 가수한테 사인을 받읍시다.

나 : 줄이 너무 기니까 ______________________

____

과제 1 쓰기

다음 초대장을 반말로 바꿔 보십시오.

초대합니다

영호 오빠께

영호 오빠,

그동안 잘 지내셨어요?

저는 한국에서 한국말을 배우고 있어요.

다음 주말에 한국말을 배우는 친구들과 같이 파티를 할 거예요.

이번 파티는 다른 나라와 한국을 서로 이해하는 파티예요.

그래서 모든 학생들이 한국 사람들을 한 사람씩 초대할 거예요.

저는 영호 오빠를 초대하고 싶어요.

시간이 있으면 꼭 와 주세요.

시간은 다음주 토요일 오후 7시이고, 장소는 연세대학교 한국어학당이에요.

여러 나라 사람들과 한국말로 이야기하면 재미있을 거예요.

꼭 와 주셨으면 좋겠어요.

그럼 전화 드릴게요.

2007년 12월

리에 올림

이해하다 了解，理解　모든 所有的

영호 오빠에게

영호 오빠,

과제 2 쓰고 말하기

사람들과 모임이 있습니다. 모임에서 여러분이 할 일을 계획하십시오.

[보기] **친구 생일 파티**

장소 양견 씨 집
시간 이번 주 토요일 저녁 7시
초대할 사람 양견 씨 한국어학당 친구들과 중국 친구들, 그리고 한국 친구들 모두 15명쯤 초대하면 좋겠어요.
필요한 물건 생일 파티니까 풍선과 샴페인, 케이크를 준비하겠어요.
음악 양견 씨 생일이니까 가수 권진원 씨가 부른 'Happy birthday to you'를 준비하겠어요.
음식 여러 나라 사람이 오니까 샌드위치, 김밥, 탕수육, 샐러드 등 여러 음식을 준비해서 뷔페식으로 차리고 싶어요.

❶ 크리스마스 파티

장소 ______________

시간 ______________

초대할 사람 ______________

필요한 물건 ______________

______ ______________

______ ______________

뷔페 自助餐

❷ 졸업 파티

장소

시간

초대할 사람

필요한 물건

❸ 고향에 돌아가는 친구 송별회

장소

시간

초대할 사람

필요한 물건

对话

美善	下星期三是我生日，打算开个生日派对，你有时间吗?
理惠	嗯，没有别的约会。要请好多朋友吗?
美善	不，打算只请几个人来吃个晚饭。
理惠	想要什么礼物? 如果有什么需要的告诉我。
美善	不用带礼物。别忘了，一定要来啊。
理惠	那礼物由我自己看着准备吧。

문법 설명

01 非敬语:-어/아/여, 이야/야

非敬语对与自己同级或下一级的人。非敬语有格式体和非格式体。非格式体非敬语的终结词尾是在动词词干的后面加“-어/아/여”。该形式是从非格式体敬语的“-어요/아요/여요”中省略掉“요”而成的。非格式体非敬语在当事人互相关系比较好的情况下可以对上一级人使用。

- 수업은 9시에 시작해서 1시에 끝나. 课从9点开始1点结束。
- 화 났어? 왜 아무 말도 안 해? 生气了? 怎么什么也不说?
- 언니, 모르는 단어가 있는데 좀 가르쳐 줘. 姐姐，我有个不会的单词，请告诉我一下。
- 너무 더운데 창문을 좀 열까? 太热了，把窗户打开怎么样?

名词后面的“이에요/예요”变为“이야/야”。

- 우리 집은 신촌 근처야. 我们家在新村附近。
- 저 사람은 아주 유명한 사람이야. 那个人是一个非常有名的人。

02 이나/나[1]

用在名词后表示选择。但是该选择并不是说话人原本最理想的选择。而是因为由于各种原因而不能实现最佳方案时而选择的第二道方案。用在其他助词后面时表示在助词原有的意思上加上选择的意思。

- 심심한데 영화나 한 편 볼까요? 挺无聊的，去看场电影怎么样?
- 방학이 짧아서 공부나 하려고 합니다. 假期挺短的，打算学学习。
- 시간이 없어서 샌드위치나 먹으려고 해요. 因为没有时间，所以打算吃个三明治。
- 별일 없으면 같이 동대문 시장에나 갑시다. 如果没什么特别的事，一起去东大门市场吧。

02 같이 초대할지 따로 초대할지 결정해

학습 목표 ● 과제 집들이에 초대하기 ● 문법 반말(-지 마), -을지 -을지 ● 어휘 집 관련 어휘

민철 씨와 제임스 씨가 무엇을 하고 있습니까?
두 사람이 무슨 이야기를 할까요?

CD1:36~37

민철	이사를 했으면 집들이를 해야 돼.
제임스	그래? 그런데 집들이를 어떻게 해야 하지?
민철	어렵게 생각하지 마. 누구누구를 초대하고 싶어?
제임스	반 친구들하고 회사 동료들을 초대하면 좋겠어.
민철	우선 꼭 초대하고 싶은 사람을 적어 봐. 그 후에 같이 초대할지 따로 초대할지 결정해.
제임스	응, 형도 와서 음식 준비를 도와줘야 해.

집들이 乔迁宴
동료 同事
적다 写
따로 不在一块儿，另外
결정하다 决定

어휘

01 집들이를 할 때 친구들이 집안을 구경합니다.

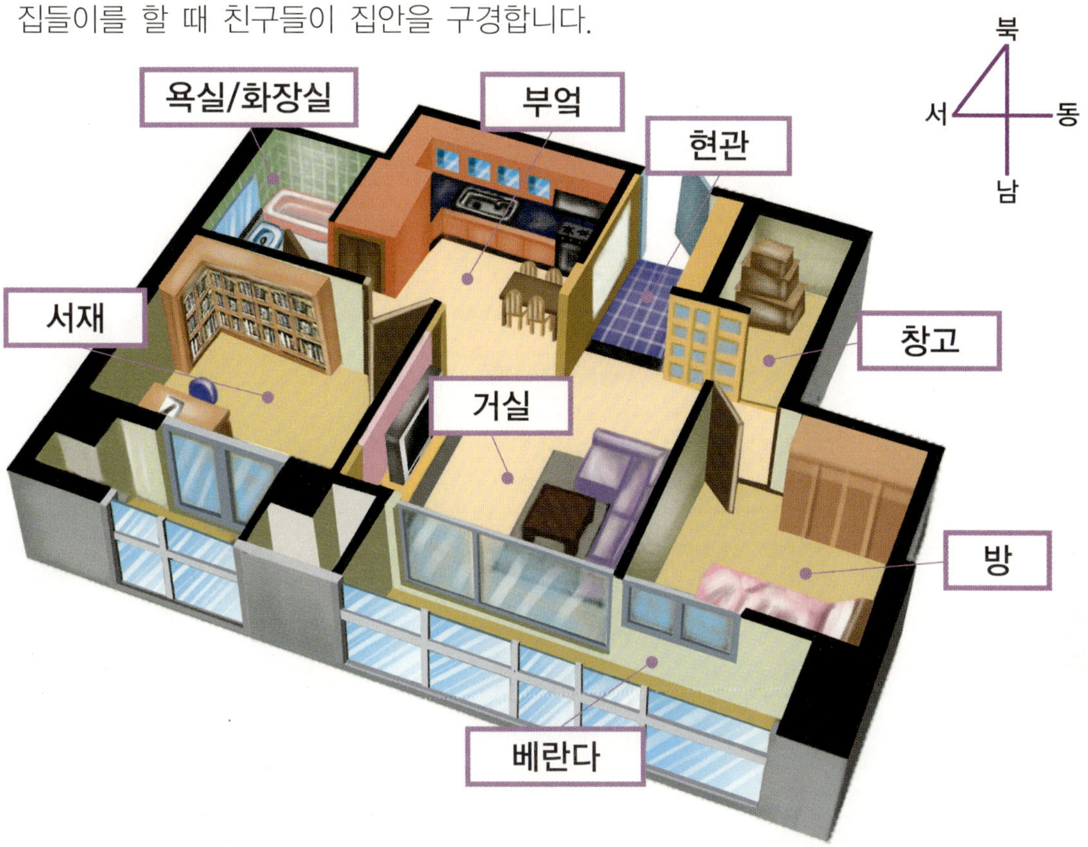

02 여러분이 살고 싶은 집을 그리고 설명하십시오?

문법 연습

반말 : -지 마

01 그림을 보고 이야기합시다.

[보기]

❶

❷

❸

❹

❺

[보기] 밤늦게 피아노를 치지 마. 시끄러우니까.

1.

2.

3.

4.

5.

-을지/ㄹ지 -을지/ㄹ지

02 문장을 연결하십시오.

[보기] 집으로 초대할까요? / 밖에서 만날까요? / 생각해 봅시다
➜ 집으로 초대할지 밖에서 만날지 생각해 봅시다

1) 하숙집에서 살까요? / 기숙사에서 살까요? / 친구들과 이야기하고 있어요

➜ ____________________

2) 대학원에 갈까요 ? / 취직을 할까요 ? / 아직 결정하지 못했어요

➜ ____________________

3) 중고차를 살까요? / 새 차를 살까요? / 생각 중입니다.

➜ ____________________

4) 친구에게 이야기해야 할까요? / 비밀로 해야 할까요? / 잘 모르겠어요

➜ ____________________

5) 회사를 그만둬야 할까요? / 계속 다녀야 할까요? / 생각하고 있어요

➜ ____________________

과제 1 쓰고 말하기

저는 이사를 하려고 합니다. 그런데 여러 가지 고민이 있습니다.

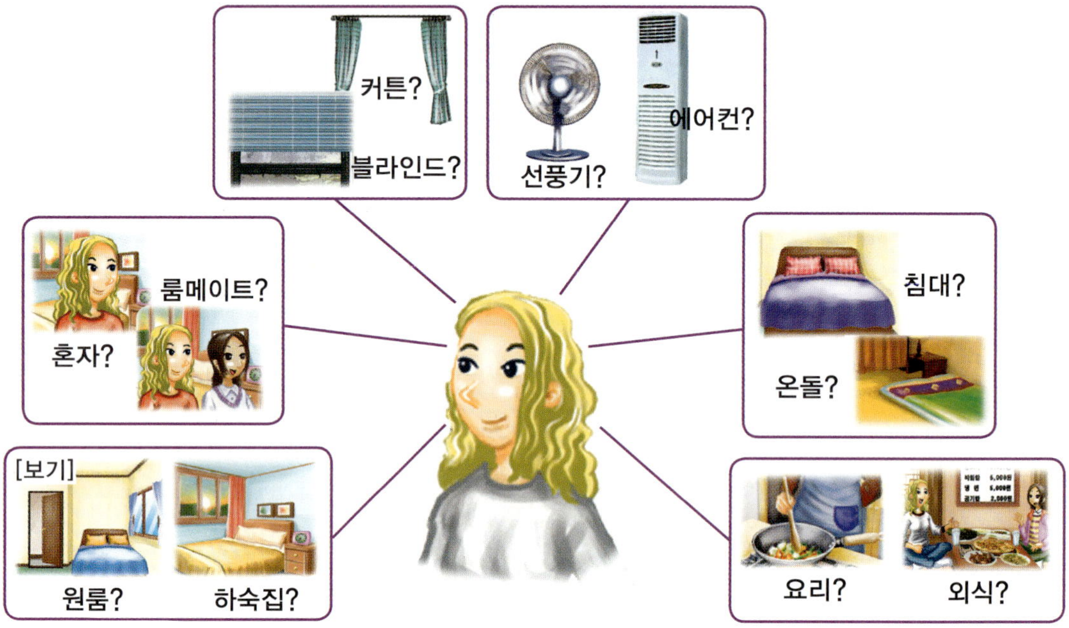

[보기]

저는 한국에서 2년 동안 살 계획이에요. 원룸으로 이사할지 하숙집으로 이사할지 생각 중입니다. 원룸에 살면 자유롭지만 요리하기가 귀찮아요. 하숙집은 식사하기는 편하지만 화장실을 다른 사람들과 같이 써야 하니까 불편할 것 같아요.

1.

2.

3.

4.

5.

고민 苦恼, 烦恼 **커튼** 窗帘 **블라인드** 百叶窗 **외식** 在外吃饭 **자유롭다** 自由

과제 2 쓰고 말하기

여러분이 집들이를 합니다. 집들이를 할 때 친구들에게 보여 주고 싶은 것이 있습니까? 그리고 보여 주고 싶지 않은 것이 있습니까? 이야기해 보십시오.

보여 주고 싶은 것	• 공부방을 보여 주고 싶어요. 왜냐하면 공부방에는 한국말 책과 고향 친구들 사진이 있습니다. 그것을 친구들이 보면 좋아할 것 같아요. • • • • •
보여 주고 싶지 않은 것	• 여자 친구에게서 받은 선물을 보여 주고 싶지 않아요. 그것은 여자 친구와 저의 비밀이니까요. • • • • •

对话

敏　哲　搬家了，应该请乔迁宴。
詹姆斯　是吗？不过乔迁宴该怎么请呢？
敏　哲　不用想得那么难，想邀请谁？
詹姆斯　我想邀请班级同学和公司同事。
敏　哲　首先写一写你一定要邀请的人，然后再决定是一起请还是分开请。
詹姆斯　好的，哥哥一定要来帮我准备饭菜。

문법 설명

01 非敬语: -지 마

敬语命令形式“-으세요/세요”的非敬语形式通过省略“-요”和“-시-”实现。

- 늦을 것 같으니까 기다리지 마.　可能会很晚，所以不要等了。
- 밤 늦게 피아노를 치지 마.　晚上太晚时不要弹钢琴。

02 -을지/ㄹ지 -을지/ㄹ지

用在动作动词之后表示正在考虑在所列举的事项中选择某一个。

- 하숙을 할지 기숙사에 살지 결정하세요. 请决定是在校外寄宿还是住校内宿舍。
- 산으로 갈지 바다로 갈지 이야기해 봅시다. 我们来谈一下是去登山还是去海边吧。
- 음식을 집에서 만들지 주문할지 의논합시다. 我们来讨论一下饭菜是在家里做还是叫外卖。
- 대학원에 갈지 회사에 취직할지 생각 중입니다. 我正在考虑是考研究生还是到公司就业。

03 결혼 준비 때문에 바쁘겠구나

학습 목표 ● 과제 결혼식에 초대하기 ● 문법 반말(-는다, -니? -어라) -기로 하다 ● 어휘 결혼식 관련 어휘

두 사람이 무슨 이야기를 할까요?
한국의 결혼식을 보신 일이 있습니까?

CD1:38~39

후배 형, 이거 받으세요. 제 청첩장이에요.

민철 청첩장? 너 결혼하니?

후배 부모님께서 연세가 많으셔서 좀 서둘렀어요.

민철 축하한다. 결혼 준비 때문에 바쁘겠구나.

후배 부모님과 같이 살기로 해서 준비할 게 별로 없어요.

민철 내가 도와줄 일이 있으면 연락해라.

후배 晚辈, 后辈, 师弟(妹)
청첩장 请柬
연세 年龄(敬语)
서두르다 着急
별로 不怎么, 没什么, 不太

어휘

01 결혼식에서 무엇을 합니까?

축의금을 내다

예물을 교환하다

축가를 부르다

부케를 던지다

기념 촬영을 하다

피로연을 하다

02 빈칸을 채우십시오.

결혼식을 축하하러 오는 손님은 하객입니다.
하객들은 신랑, 신부에게 선물을 주기도 하고 (   ) 기도 합니다. 결혼식장 앞에서 신랑과 신부의 부모님들이 하객들에게 인사를 합니다. 결혼식이 시작되면 신랑과 신부는 하객들 앞에서 영원히 사랑할 것을 약속합니다. 그리고 반지, 시계 등 (   ).
결혼식이 끝나면 가족과 친척들이 모여서 (   ).
신랑과 신부의 친구들도 사진을 찍습니다.
신부가 친구들에게 (   ).
결혼식이 끝나면 (   ).
하객들은 음식도 먹고 같이 이야기도 합니다.

문법 연습

반말 : -는다/ㄴ다, -다, -니?, -어라/아라/여라

01 빈칸을 채우십시오.

-는다/ㄴ다	친구하고 같이 연습합니다	친구하고 같이 연습한다
	매일 신문을 읽습니다	
-다	날씨가 너무 덥습니다	
	그 분은 미국 사람입니다	
-니?	언제 한국에 왔습니까?	
-어라/아라/여라	9시까지 오십시오	
	열심히 공부하십시오	

-기로 하다

02 두 사람이 이야기한 후에 대답하십시오.

[보기]

우리는 점심에 한식을 먹기로 했어요.

❶

❷

❸

❹

❺

과제 1 쓰고 말하기

여러분이 다음 달에 결혼을 합니다. 두 사람이 신랑과 신부가 되어서 이야기하십시오. 여러분이 세운 계획을 이야기해 봅시다.

결혼식 장소	예식장
결혼식 옷	
결혼식 시간	
결혼 예물	
결혼식에 초대할 손님의 수	
결혼식 음식	
신혼 여행	
신혼 집	

[보기] 결혼식 장소

제가 다니는 교회에서 결혼식을 하고 싶었어요. 그런데 교회가 너무 작아서 시내에 있는 예식장에서 하기로 했어요.

1. 결혼식 옷

2. 결혼식 시간

3. 결혼 예물

4. 결혼식에 초대할 손님의 수

5. 결혼식 음식

6. 신혼 여행

7. 신혼 집

과제 2 쓰고 말하기

여러분 나라의 결혼식은 어떻습니까? 쓰고 친구들과 이야기하십시오.

	다른 나라와 다른 것
결혼 전에 하는 것	
결혼식에서 꼭 하는 것	
결혼식 후에 하는 것	

제목 : 우리나라의 결혼식

对话

师弟	师兄，给你这个，我的请柬。
敏哲	请柬？你结婚吗？
师弟	父母年龄大了，所以急着办。
敏哲	恭喜恭喜，要准备婚礼一定很忙吧？
师弟	因为决定和父母一起住， 所以没有什么要准备的。
敏哲	有什么需要帮忙的，和我联络。

문법 설명

01 非敬语：-는다/ㄴ다/다, -니?, -어라/아라/여라

格式体敬语的陈述形式的终结词尾"-습니다/ㅂ니다"的非敬语形式是"-는다/ㄴ다"。疑问句终结词尾"-습니까/ㅂ니까?"的非敬语形式是"-니?"，命令句终结词尾"-으십시오/십시오"的非敬语形式是"-어라/아라/여라"。格式体的非敬语形式不可以对比自己年龄大的人使用，只能对与自己同级或比自己下一级的人使用。格式体非敬语在写日记时经常使用。

- 네 방 청소는 네가 해라. 你自己的房间自己打扫。
- 오후에는 보통 뭘 하니? 下午一般做什么？
- 민철아, 결혼을 축하한다. 敏哲，恭贺新婚。
- 오늘은 비가 오고 바람이 많이 불었다. 今天下雨，刮大风。

02 -기로 하다

用在动作动词后表示所决定的内容。一般用于通过许多人讨论而决定的情况。

- 회의는 15일에 하기로 했어요. 会议决定在15日召开。
- 다음 주에 다시 의논하기로 합시다. 下周重新讨论一下吧。
- 주말에 친구와 도서관에 가기로 했어요. 周末决定和朋友一起去图书馆。
- 1층 휴게실은 여자들만 사용하기로 했어요. 决定1楼休息室为女士专用。

04 꽃다발은 내가 사 가지고 갈게

학습 목표 ● 과제 모임에 초대하기 ● 문법 반말(-자), -어 가지고 ● 어휘 모임 관련 어휘

미선 씨와 마리아 씨가 무엇을 하고 있습니까?
두 사람이 어떻게 이야기합니까?

CD1:40~41

미선 금요일 저녁에 같이 음악회에 가자.

마리아 언니, 갑자기 무슨 음악회야?

미선 피아노를 전공한 동창이 음악회를 해. 음악회도 보고 뒤풀이에 가서 친구들도 만나자.

마리아 재미있겠다. 그런 모임에 가 본 적이 없어서 기대가 돼.

미선 수업이 끝나면 우리 집으로 와서 같이 가자.

마리아 알았어. 꽃다발은 내가 사 가지고 갈게.

음악회 音乐会
동창 同学
뒤풀이 (一般指活动结束后进行的非正式聚会)
기대가 되다 期待

어휘

01 여러 가지 모임이 있습니다.

- 저는 대학생입니다. 대학에 처음 왔을 때는 혼자여서 재미가 없었습니다. 하지만 **동아리**에 들어간 후부터 학교 생활이 즐거워졌습니다. 책읽기를 좋아하는 사람들의 모임입니다.
- 제 취미는 음식 만들기입니다. 특히 한식에 관심이 많아서 한식 **동호회**에 들어갔습니다. 새로운 요리 방법을 배우고 맛있는 음식을 만들어서 먹을 때 정말 즐겁습니다.
- 저는 고등학교 때 같이 공부한 친구들과 두 달에 한 번씩 **동창회**를 합니다. 가끔 선생님을 모시고 옛날이야기도 하고 같이 식사도 합니다.
- 우리 아파트에서는 주민들이 한 달에 한 번씩 모여서 **반상회**를 합니다. 아파트 생활에서 필요한 여러 가지 일들을 이야기합니다.
- 우리 회사에 두 사람이 새로 들어왔습니다. 그래서 이번 주말에 서로 인사도 하고 회사에 들어온 것을 축하하기 위해서 신입사원 **환영회**를 합니다.
- 친구가 다음 주에 캐나다로 돌아갑니다. 그래서 우리들은 오랫동안 만나지 못할 겁니다. 그래서 친한 친구들 몇 명이 모여서 **송별회**를 하기로 했습니다.

02 마리아 씨는 이 사람들과 무슨 모임을 합니까?

문법 연습

반말 : -자

01 반말로 대답하십시오.

[보기] 가 : 몇 시쯤 만날까?
나 : 10시쯤 만나자.

1) 가 : 이번 주말에 영화를 보러 갈까?
나 : ______________________

2) 가 : 내일은 무엇을 할까 ?
나 : ______________________

3) 가 : 도서관에서 같이 공부할까?
나 : ______________________

4) 가 : 반 친구 생일 파티를 어디에서 할까?
나 : ______________________

5) 가 : 더우니까 에어컨을 켤까?
나 : ______________________

–어/아/여 가지고

02 그림을 보고 문장을 만드십시오.

[보기]

➔ 도시락을 준비해 가지고 소풍을 갔어요.

❶

➔

❷

➔

❸

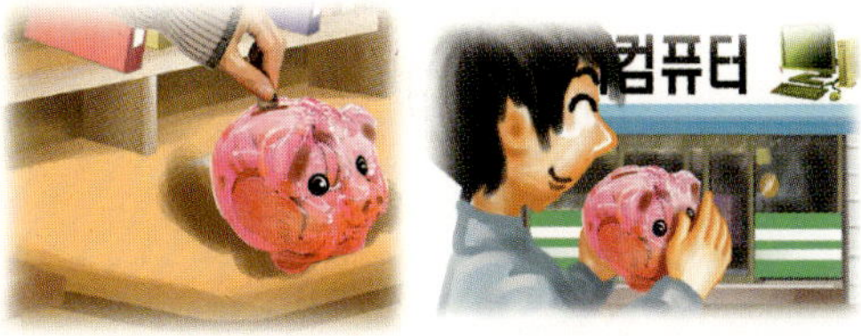

➔

❹

➔

❺

➔

과제 1 쓰고 말하기

친구에게 여러분의 모임을 소개하고 그 모임에 초대해 보십시오.
(반말로 이야기하십시오.)

[보기] 가 : 이번 주말에 뭘 해?
나 : 사진 동아리에 가.
가 : 사진을 찍는 것을 좋아하는구나.
나 : 응, 사진 찍는 것은 좋아하지만 잘 찍지는 못해.
그런데 동아리에서 선배들에게 배울 수 있으니까 좋은 것 같아.
가 : 나도 며칠 전에 좋은 사진기를 샀는데 아직 잘 찍을 수 없어.
나 : 그러면 나와 같이 우리 동아리에 갈까?
가 : 언제 모이니?
나 : 토요일 2시부터 5시까지 모여. 괜찮으면 같이 가자.
가 : 좋아. 그럼 같이 가자.
나 : 그래. 그럼 토요일에 만나자.

가 : ________________

나 : ________________

가 : ________________

나 : ________________

가 : ________________

나 : ________________

가 : ________________

나 : ________________

가 : ________________

나 : ________________

모임 聚会，集合

과제 2 듣고 말하기 [CD1:42]

듣고 어떤 모임인지 이야기해 보십시오.

1. 이 모임은 무슨 모임입니까?

➜ ______________________

이 모임에서는 무엇을 배울 수 있습니까?

➜ ______________________

2. 이 모임은 어떤 모임입니까?

➜ ______________________

이 모임에 가면 무엇을 할 수 있습니까?

➜ ______________________

3. 이 모임은 겨울에만 있습니까?

➜ ______________________

왜 이 모임을 만들었습니까?

➜ ______________________

4. 이 모임의 사람들은 어떤 그림을 그립니까?

➜ ______________________

그림을 그려서 무엇을 하려고 합니까?

➜ ______________________

对话

美　善	星期五晚上一起去听音乐会吧。
玛丽亚	姐姐，突然怎么提起音乐会？
美　善	钢琴专业的同学开音乐会。听完音乐会后，一起去吃吃饭，喝喝酒，也好结识一些朋友。
玛丽亚	一定很有意思。没有去过那样的聚会，所以很期待。
美　善	下课以后来我家，然后一起走。
玛丽亚	知道了。花束由我买去。

문법 설명

01 非敬语：-자

格式体共动句的终结词尾“-읍시다/ㅂ시다”的非敬语形式是“-자”。

- 같이 가자. 一起走吧。
- 다음에 커피나 한잔 하자. 下次一起喝杯咖啡吧。
- 어렵겠지만 포기하지 말자. 虽然很难，但我们不要放弃。
- 다른 사람들에게 이야기하지 말자. 别对别人讲。

02 –어/아/여 가지고

用在动作动词后表示保持或利用前句的内容来完成后句的内容。

- 집에서 생각해 가지고 오세요. 在家想好了来。
- 집들이에는 보통 세제를 사 가지고 가요. 参加乔迁宴时一般买洗衣粉去。
- 은행에서 돈을 빌려 가지고 집을 샀어요. 从银行借钱买了房子。
- 영어를 배워 가지고 무역 회사에 취직 하려고 합니다. 打算学好英语然后去贸易公司就业。

05 정리해 볼까요?

01 발음을 연습합시다. [CD1:43]

몇 명만 초대해서 저녁이나 같이 먹으려고 해

이사를 했으면 집들이를 해야 돼

내가 도와줄 일이 있으면 연락해라

음악회도 보고 뒤풀이에 가서 친구들도 만나자

02 여기에서 사람들이 무엇을 합니까?

생일 파티	
결혼식	
집들이	

03 반말을 써서 이야기를 완성하십시오.

꼬리로 낚시하는 호랑이

어느 추운 겨울에 호랑이가 숲 속을 다녔어요. '배가 고픈데 뭐 먹을 것이 ____________ (없을까요)?' 하지만 하루 종일 돌아다녀도 배만 고팠어요. 배가 고픈 호랑이는 토끼를 찾았어요. 그래서 한 입에 토끼를 잡아먹으려고 입을 크게 벌렸어요. 그런데 그때 토끼가

정리

살아날 수 있는 좋은 아이디어를 생각했어요. "나 같이 작은 토끼를 먹으면 배가 ________________(부르겠습니까)?" "먹을 것이 정말 많은 곳이 있으니까 나를 ________________(따라오세요)." 호랑이는 토끼를 따라갔어요. 토끼가 호랑이를 데리고 간 곳은 얼음이 꽁꽁 얼어 있는 강이었어요. 토끼는 호랑이에게 말했어요. "꼬리를 강물에 ________________(넣으십시오). 물고기가 꼬리를 많이 물어서 무거워지면 꼬리를 ________________(빼세요). 그 물고기를 먹으면 ________________(됩니다)" "이렇게 꼬리를 넣으면 ________________(됩니까)?" 호랑이가 말했어요. 겨울이어서 아주 추웠어요. 그렇지만 호랑이는 참고 기다렸어요. "꼬리가 무거워지는 것을 보니까 이제 물고기가 많이 잡힌 것 ________________(같아요)." 호랑이는 꼬리를 빼고 싶었어요. 그러나 꼬리는 빠지지 않았어요. "토끼야, 거짓말을 ________________(했지요)? 빨리 이리 ________________(오세요)." 호랑이는 화가 났지만 꼬리가 강 속에 있어서 토끼를 잡을 수 없었어요.

정리

04 다음 상황에 맞게 이야기를 만들어 보십시오.

[상황 1] 친구가 생일이어서 저를 초대했습니다. 하지만 저는 다른 약속이 있습니다. 중요한 약속이기 때문에 취소할 수 없습니다. 친구 생일 파티에 갈 수 없습니다.

친구 : 토요일에 생일 파티를 하려고 하는데 올 수 있니?

나 : ______________________

친구 : ______________________

나 : ______________________

친구 : ______________________

나 : ______________________

친구 : ______________________

나 : ______________________

[상황 2] 친구가 회사에서 승진을 했습니다. 친구는 동료들을 초대해서 한턱내려고 합니다. 평일이어서 저는 좀 바쁩니다. 하지만 특별한 약속이 없으니까 갈 수 있습니다.

친구 : 다음 주 화요일 저녁에 시간 있어?

나 : ______________________________

친구 : ______________________________

나 : ______________________________

친구 : ______________________________

나 : ______________________________

친구 : ______________________________

나 : ______________________________

낚시하다 钓鱼 종일 整天 토끼 兔子 잡다 抓住 살아나다 摆脱困境，获得重生 승진 升职

리에가 본 한국

특별한 날의 선물 [CD1:44]

저는 친구와 같이 돌잔치에 갔습니다. 아기의 첫 번째 생일 파티였습니다. 친구는 돌잔치에 가기 전에 보석상가에 가서 아기 금반지를 하나 샀습니다. 아기가 부자가 되고 또 건강하게 살기를 바라는 의미였어요.

한국 사람들은 특별한 날 특별한 선물을 합니다. 이사를 한 다음에 처음으로 그 집에 초대를 받았을 때는 초, 비누를 선물합니다. 촛불이나 비누 거품처럼 크게 부자가 되기를 바라는 의미예요. 그런데 요즘은 풍습이 달라져서 생활에 필요한 물건을 선물하는 사람들이 많아졌어요.

또 중요한 시험을 보는 사람들에게는 엿과 찹쌀떡을 선물해요. 엿과 찹쌀떡은 잘 붙으니까 시험에도 잘 붙기를 바라는 거예요.

결혼식에는 돈을 가지고 가요. 결혼 준비에 돈이 많이 들기 때문에 돈을 주면 신랑, 신부에게 도움이 될 것 같아요.

선물은 나라마다 다르고 그 의미도 달라요.

돌반지

초

비누

엿

찹쌀떡

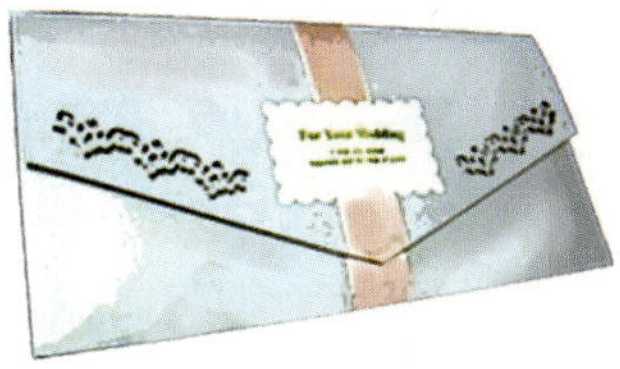

축의금

1. 여러분 나라의 특별한 선물을 이야기해 봅시다.
2. 여러 가지 선물의 의미를 이야기해 봅시다.

돌잔치 过周岁生时摆的宴席 **금반지** 金戒指 **거품** 泡儿 **의미** 意义，意思 **시험에 붙다** 考上，考试合格

제5과 교통

01
제목 | 놀이 공원에 어떻게 가는지 아세요?
과제 | 교통편 묻기
어휘 | 교통편 관련 어휘
문법 | -는지 알다/모르다, 으로(선택)

02
제목 | 경복궁역에 가려면 몇 번 버스를 타야합니까?
과제 | 버스 이용하기
어휘 | 버스 관련 어휘
문법 | -으려면, 이나[2]

03
제목 | 밖으로 나갔다가 다시 들어가셔야 합니다
과제 | 지하철 이용하기
어휘 | 지하철 관련 어휘
문법 | -었다가, -나요?

04
제목 | 가까워 보이는데 버스를 타야 합니까?
과제 | 길 묻기
어휘 | 교통 표지판 관련 어휘
문법 | -어 보이다, -다가

05
정리해 볼까요?

- 리에가 본 한국
  서울의 버스

01 놀이 공원에 어떻게 가는지 아세요?

학습 목표 ● 과제 교통편 묻기 ● 문법 -는지 알다/모르다, 으로 ● 어휘 교통편 관련 어휘

두 사람은 무슨 이야기를 하고 있습니까?
리에는 어디에 가려고 합니까?

CD1:45~46

리에 주말에 친구들과 같이 놀이 공원에 가려고 해요.
영수 놀이 공원에 어떻게 가는지 아세요?
리에 아니요. 여기에서 직접 가는 버스가 있어요?
영수 직접 가는 버스는 없으니까 지하철을 타세요.
리에 지하철은 한 번만 타면 돼요?
영수 아니요. 충무로에서 4호선으로 갈아타야 돼요.

놀이 공원 游乐场
번 次
충무로 忠武路(地名)
호선 号线
갈아타다 换乘

어휘

01 한국의 대중교통 수단입니다.

버스	택시	기차
 고속버스	 일반택시	 무궁화호
 시내버스	 개인택시	 새마을호
 마을버스	 모범택시	 KTX

02 단어를 쓰십시오.

1) 지하철역에서 아파트, 집 근처의 길 등 가까운 거리를 다니는 버스예요. (　　　　　)

2) 서울에서 부산까지 두 시간 반쯤 걸려요. 제일 빠른 기차예요. (　　　　　)

3) 서울에서 광주, 광주에서 부산 등 먼 거리를 쉬지 않고 한 번에 가는 버스예요. (　　　　　)

4) 다른 택시보다 비싸지만 택시 기사가 정말 친절해요. (　　　　　)

5) 여러 역에서 서기 때문에 시간이 많이 걸리지만 요금이 싼 기차예요. (　　　　　)

문법 연습

-는지 알다/모르다, -은지/ㄴ지 알다/모르다

01 대답하십시오.

[보기] 가 : 오후 수업이 몇 시에 끝나는지 알아요?
나1 : 네, 오후 수업이 몇 시에 끝나는지 알아요. 4시에 끝나요.
나2 : 아니요, 오후 수업이 몇 시에 끝나는지 몰라요.

1) 가 : 지하철 몇 호선이 월드컵 경기장에 가는지 알아요?
나 : 네, ______________ 는지 알아요. ______________

2) 가 : 인천 공항에 가는 버스가 몇 분마다 있는지 알아요 ?
나 : 네, ______________ 는지 알아요. ______________

3) 가 : 선생님께서 몇 년 전에 학교를 졸업하셨는지 ______________
나 : 아니요, ______________ 는지 몰라요.

4) 가 : 시내버스비가 얼마인지 알아요?
나 : 네, ______________ 인지 알아요.

5) 가 : 요즘 극장에서 무슨 영화를 하는지 알아요?
나 : 아니요, ______________ 는지 몰라요.

으로/로

02 그림을 보고 질문에 대답하십시오.

[보기]

가 : 서울역에 가고 싶은데 몇 번 버스로 갈아타야 합니까?

나 : 서대문에서 161번 버스로 갈아타야 합니다.

❶

가 : 청량리에 가고 싶은데 시청 역에서 몇 호선으로 갈아탑니까?

나 : ....

❷

가 : 옷을 어떤 색으로 바꾸고 싶습니까?

나 : ....

❸

가 : 어떤 신발로 갈아신을까요?

나 : ....

❹

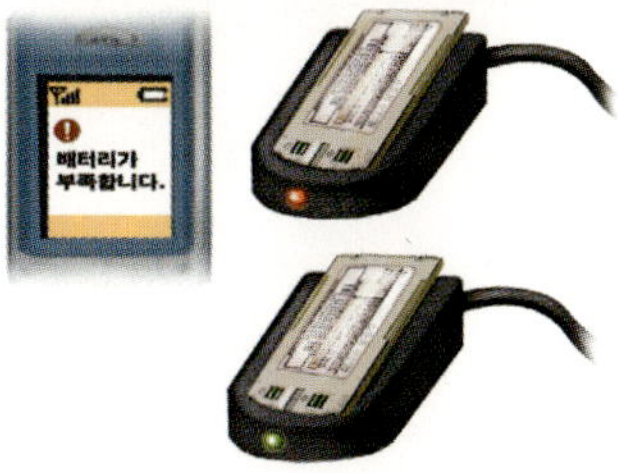

가 : 어떤 배터리로 갈까요?

나 : ....

❺

가 : 어느 나라 돈으로 바꾸실 거예요?

나 : ....

과제 1 말하기

여러분이 가고 싶은 곳을 이야기해 봅시다.

[보기] 가 : 서울 타워에 어떻게 가는지 아세요?
나 : 네, 알아요. 지하철을 타고 서울역까지 가세요.
서울역에서 남산 도서관에 가는 버스를 타세요.

가 : ______________________

나 : ______________________

서울 타워 首尔塔　남산 도서관 南山图书馆

과제 2 말하기

다음 사진을 보고 이야기해 봅시다.

이층 버스

수상 버스

씨클로

트램

케이블카

모노레일

1) 어느 나라에서 볼 수 있습니까?

2) 여러분은 무엇을 타고 싶습니까?

3) 이것들의 좋은 점은 무엇입니까?

점 -处

对话

理惠 周末打算和朋友们一起去游乐场。
英秀 知道怎么去游乐场吗?
理惠 不知道。有从这儿直达的公共汽车吗?
英秀 没有直达公共汽车，坐地铁吧。
理惠 地铁只坐一次就可以吗?
英秀 不行，得在忠武路换乘4号线。

문법 설명

01 -는지 알다/모르다, -은지/ㄴ지 알다/모르다

用在动作动词或状态动词后表示知道或不知道某事。“알다/모르다”前接句子时必须同时使用“-는지/은지/ㄴ지”这一点很重要，句子中还必须使用疑问代词。例如，当哲洙知道老师要来的时间时，句子为“철수는 선생님이 언제 오시는지 알아요.”。

- 우리 반에서 누가 제일 마음씨가 좋은지 알아요? 知道我们班谁的心地最善良吗?
- 저는 그 공원에 어떻게 가는지 알아요. 我知道怎么去公园。
- 가 : 백화점이 어디에 있는지 알아요? 甲：你知道百货商店在哪里吗?
  나1 : 백화점이 어디에 있는지 알아요. 지하철 역 근처에 있어요. 乙1：我知道百货商店在哪里，在地铁站附近。
  나2 : 미안해요. 백화점이 어디에 있는지 몰라요. 乙2：对不起，我不知道百货商店在哪里。

02 으로/로

用在表交换的动作动词前面表示交换的对象。如在多个公共汽车线路中选择272路换乘时，句子为“272번 버스로 갈아탔어요.”。同“가다, 오다, 갈아타다, 갈아입다, 바꾸다”等表示交换的动词一起使用。

- 다음 정류장에서 272번 버스로 갈아타세요. 请在下一站换乘272路公共汽车。
- 옷이 더러우니까 새 옷으로 갈아입으세요. 衣服脏了，换件新衣服吧。
- 만 원짜리를 천 원짜리 열 장으로 바꿔주세요. 请把1万元的换成10张1千元的。
- 조금 더 큰 옷으로 바꾸는 것이 좋겠어요. 如果能换一件大点儿的衣服就好了。

02 경복궁역에 가려면 몇 번 버스를 타야 합니까?

학습 목표 ● 과제 버스 이용하기 ● 문법 -으려면, 이나[2] ● 어휘 버스 관련 어휘

여기는 어디입니까?
리에는 무엇을 하고 있습니까?

CD1:47~48

리에	경복궁역에 가려면 몇 번 버스를 타야 합니까?
아주머니	파란색 272번 버스를 타세요.
리에	경복궁역까지 얼마나 걸려요?
아주머니	한 30분쯤 걸릴 거예요.
리에	30분이나요?
아주머니	보통 출퇴근 시간에는 그 정도 걸려요.

경복궁역
景福宫站

한
左右,
大概, 大约

보통
一般, 普通

출퇴근
上下班

정도
程度, 左右

어휘

01 버스를 탈 때 볼 수 있는 단어입니다.

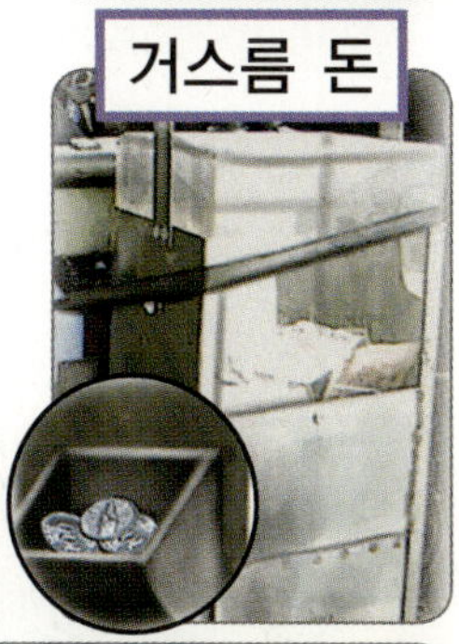

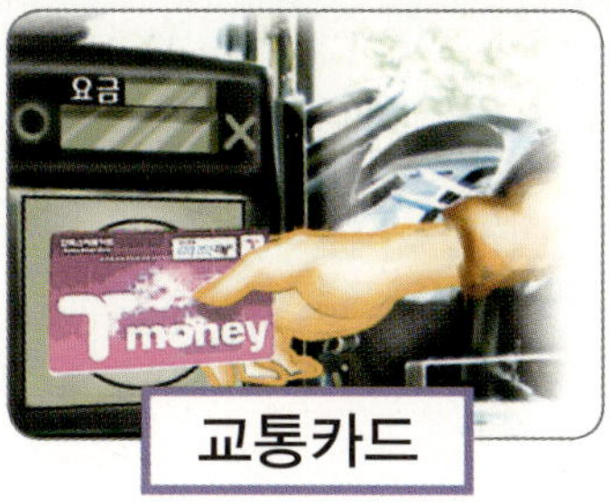

02 (　　)에 알맞은 단어를 쓰십시오.

1) 버스를 탈 때는 버스 (　　　　)에 가세요. 버스 (　　　　)을/를 보고 몇 번 버스를 탈지 정하세요.

2) 버스는 보통 앞에 있는 문으로 (　　　　)을/를 하고, 뒤에 있는 문으로 (　　　　)을/를 합니다.

3) 차에 오르면 (　　　　)에 (　　　　)을/를 대야 합니다. (　　　　)이/가 없으면 돈을 내고 (　　　　)을/를 받을 수 있습니다.

4) 버스 안에는 (　　　　)과/와 일반석이 있습니다. (　　　　)은/는 어린이나 노인들, 몸이 아픈 사람을 위한 자리입니다.

5) 다음 (　　　　)에서 (　　　　)하고 싶으면 창문 옆에 있는 (　　　　)을/를 눌러야 합니다.

문법 연습

-으려면/려면

01 대답을 쓰십시오.

[보기] 가 : 한국어를 잘 하고 싶어요.
나 : 한국어를 잘 하려면 한국 친구를 사귀세요.

1) 가 : 내년에 유학을 가고 싶어요.
나 : ______________________________

2) 가 : 좋은 회사에 취직을 하고 싶어요 .
나 : ______________________________

3) 가 : 건강해지고 싶어요.
나 : ______________________________

4) 가 : 비행기표를 싸게 사고 싶어요.
나 : ______________________________

5) 가 : 서울의 야경을 보고 싶어요.
나 : ______________________________

이나/나²

02 그림을 보고 대화를 만드십시오.

[보기]

가 : 철수가 자장면을 오 인분 먹었어요.

나 : 오 인분이나요?

❶

가 : 생일 선물로 꽃을 백 송이 받았어요.

나 : ______________________________?

❷

가 : 저는 아이를 다섯 명 낳을 거예요.

나 : ______________________________?

❸

가 : 어제는 잠을 열한 시간 잤어요.

나 : ______________________________?

❹

가 : 저는 구두가 스무 켤레 있어요.

나 : ______________________________?

❺

가 : 어제는 소설책을 일곱 권 읽었어요.

나 : ______________________________?

과제 1 쓰기

신촌에서 분당까지 가고 싶습니다. 어떻게 갑니까?

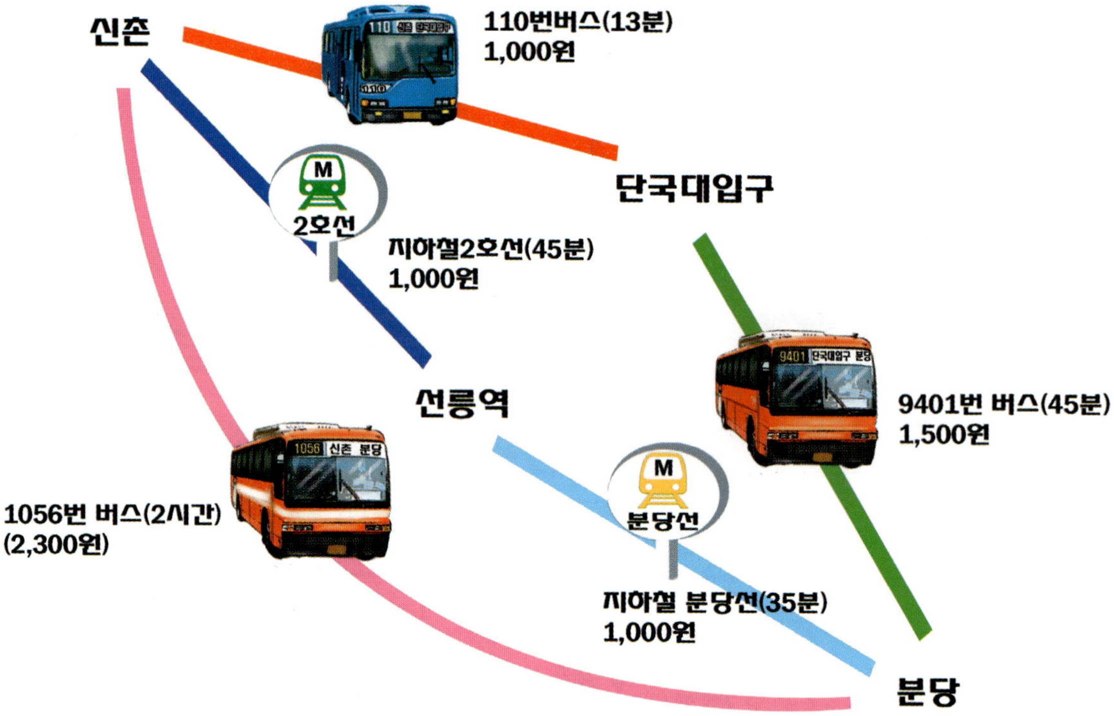

- 빨리 가는 방법

  신촌에서 분당까지 빨리 가려면 110번 버스를 타고 단국대 입구에 가서 9401번 버스로 갈아타야 합니다.

- 싸게 가는 방법

- 편하게 가는 방법

- 여러분의 집에서 학교까지 가는 여러 가지 방법을 이야기하십시오.

분당 盆唐(地名) 여러분 大家，各位

과제 2 말하기

다음은 272번 버스 노선도입니다.

B 272번 버스 노선도

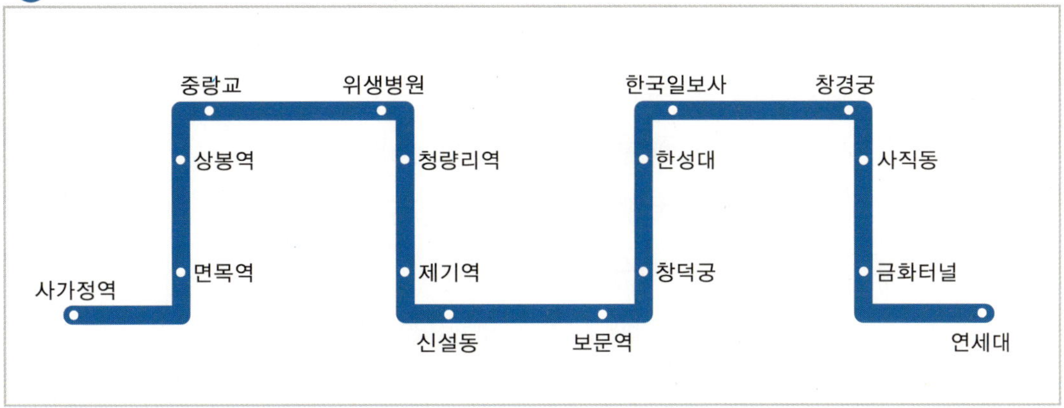

첫차 04:00분 / **막차** 23:00(기점 기준) | **운행시간** 119분, 90대 | **배차** 5분

1) 272번 버스는 어디에서 어디까지 갑니까?

2) 272 번 버스를 타면 어디에 갈 수 있습니까 ?

3) 여러분 집 앞에는 몇 번 버스가 있습니까?

4) 그 버스를 타면 어디에 갈 수 있습니까?

对话

理惠	去景福宫站得坐几路公共汽车?
阿姨	坐蓝色的272路。
理惠	到景福宫需要多长时间?
阿姨	大概需要30分左右。
理惠	30分钟那么久?
阿姨	一般上下班时间都需要这么久。

문법 설명

01 -으려면/려면

用在动作动词后表示所做之事将成为前提，即表示“如果想做什么事情”的意思。词干以辅音结尾时用“-으려면”，词干以元音结尾时用“-려면”。

- 종합 운동장에 가려면 몇 번 버스를 타야 합니까? — 去综合运动场得坐几路公共汽车?
- 좋은 자리에 앉으려면 일찍 가야 합니다. — 想坐好座位，得早点儿去。
- 버스를 타려면 교통카드가 있어야 해요. — 想坐公共汽车，得有交通卡。
- 지각하지 않으려면 뛰어야 합니다. — 如果不想迟到就得跑。

02 이나/나

用在名词之后表示说话人感觉量很多。以辅音结尾的名词后用“-이나”，以元音结尾的名词后用“-나”。

- 가: 내 동생은 하루에 다섯 번 먹어요. 甲：我弟弟一天吃五次。
  나: 다섯 번이나요? 乙：五次那么多？
- 가: 어제는 친구와 같이 세 시간 걸었어요. 甲：昨天和朋友走了3个小时。
  나: 세 시간이나요? 乙：3个小时那么久？
- 한국에 5년이나 살았지만 한국말을 잘 못해요. 虽然在韩国生活了5年之久，韩语却还是不好。
- 어제 아이스크림을 다섯 개나 먹었어요. 昨天冰淇淋吃了5个之多。

03 밖으로 나갔다가 다시 들어가셔야 합니다

학습 목표 ● 과제 지하철 이용하기 ● 문법 -었다가, -나요? ● 어휘 지하철 관련 어휘

두 사람은 어디에 있습니까?
리에는 무엇을 하고 있습니까?

과천 果川(地名)
반대 反方向, 相反
승강장 站台
요금 收费, 资费, 费
역무원 站内服务员
내다 交

CD1:49~50

리에 아저씨, 이쪽에서 타면 과천에 갈 수 있어요?
아저씨 아니요, 잘못 오셨어요. 반대쪽 승강장으로 가셔야 돼요.
리에 반대쪽으로 어떻게 가나요?
아저씨 밖으로 나갔다가 다른 쪽으로 다시 들어가셔야 합니다.
리에 요금을 다시 내야 하나요?
아저씨 역무원에게 이야기하면 안 내도 될 거예요.

어휘

01 지하철에서 볼 수 있는 단어입니다.

02 빈 칸을 채우십시오.

1) 지하철을 타는 곳은 역입니다. 역 중에서 다른 지하철로 갈아탈 수 있는 역은 (　　　　　)입니다.
2) 지하철의 마지막 역은 알면 편리합니다. 마지막 역이 수원일 때 안내 방송에서는 "수원행 열차가 들어옵니다."라고 하기 때문입니다.
3) 열차를 기다리는 곳은 (　　　　　)입니다. (　　　　　)이/가 들어오면, 승객들은 안전을 위해서 (　　　　　) 뒤로 한 걸음 물러나는 것이 좋습니다.
4) 열차가 멈추고 (　　　　　)이/가 열리면, 사람들이 열차에서 내립니다.

문법 연습

-었다가/았다가/였다가

01 그림을 보고 문장을 만드십시오.

[보기]

선생님이 앉았다가 일어났습니다.

❶

❷

❸

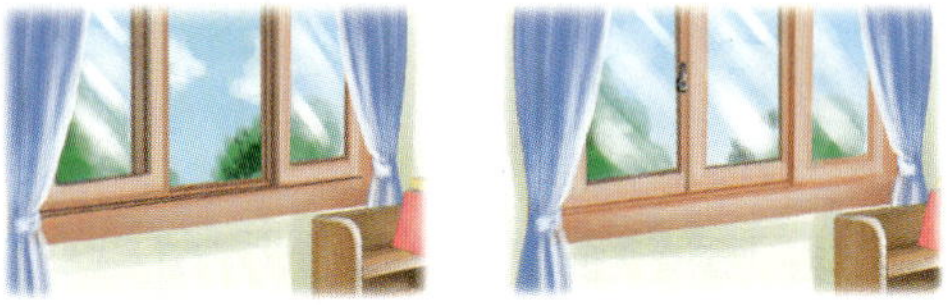

❹

❺

-나요, 은가요/ㄴ가요?

02 대답을 보고 질문을 만드십시오.

[보기] 가 : 어제 전자사전을 하나 샀어요.
나 : 어디에서 샀나요?
가 : 전자 상가에서 샀어요.

1) 가 : 제 생일 파티에 오세요.
나 : ________________?
가 : 다음 주 토요일이에요.

2) 가 : 가까운 지하철역에서 만나요.
나 : ________________?
가 : 신촌 역이 가까워요. 집 근처에 있어요.

3) 가 : 반 친구들과 같이 여행을 가기로 했어요.
나 : ________________?
가 : 4명이 같이 갈 거예요. 재미있을 거예요.

4) 가 : 어제 선생님과 같이 저녁을 먹었어요.
나 : ________________?
가 : 한식을 먹었어요. 아주 맛있었어요.

5) 가 : 빨리 끝내세요. 시간이 얼마 남지 않았어요.
나 : ________________?
가 : 10분쯤 남았어요.

과제 1 말하기

다음 표를 보고 질문하십시오.

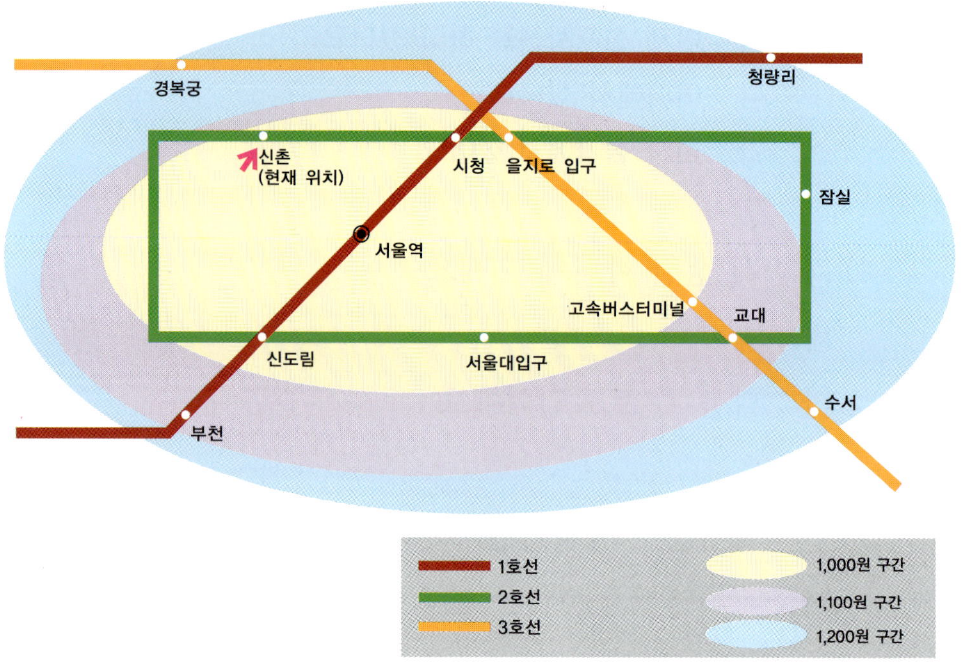

장소	서울역			
요금	1,000원			
가는 방법	2호선/1호선			
걸리는 시간	20분			

[보기] 가 : 신촌에서 서울역까지 어떻게 가나요?
나 : 2호선을 타고 시청까지 가서 시청에서 1호선으로 갈아타세요.
가 : 요금은 얼마인가요?
나 : 1,000원이에요.

가 :

나 :

가 :

나 :

구간 区间, 地段

과제 2 듣고 쓰기 [CD1:51]

지하철 안내 방송을 듣고 질문에 대답하십시오.

[보기] 가 : 이 열차는 어디까지 갑니까?
나 : 청량리까지 갑니다.

1) 가 : 어느 쪽으로 내려야 합니까?
나 : ____________________

2) 가 : 마천 쪽으로 가려면 몇 호선으로 갈아타야 합니까?
나 : ____________________

3) 가 : 이 열차를 타고 계속 갈 수 있습니까?
나 : ____________________

4) 가 : 이번 역은 타고 내릴 때 왜 조심해야 합니까?
나 : ____________________

5) 가 : 무엇을 주의해야 합니까?
나 : ____________________

6) 가 : 어떤 사람들이 있으면 자리를 양보해야 합니까?
나 : ____________________

방송 广播 주의하다 注意 양보하다 转让，避让，互让

对话

理惠	叔叔，在这儿坐车能到果川吗?
叔叔	不能，你走错了。应该去对面的站台。
理惠	对面怎么去呢?
叔叔	得先出去，然后再从别的方向进去。
理惠	需要重新交车费吗?
叔叔	如果和站内服务员说一声，可能不用交。

문법 설명

01 -었다가/았다가/였다가

用在动作动词后表示该行为结束后接着与之相反的行为发生。例如，表示从家去学校后再回到家时，其句子为“학교에 갔다가 왔어요.”。前句和后句的主语相同，两句的动作动词要表示相反的意思时句子才自然。

- 창문을 열었다가 닫았어요. (本来)把窗户打开了，后来关上了。
- 옷을 입었다가 더워서 벗었어요. (本来)穿了衣服，因为热脱掉了。
- 버스를 탔다가 잘못 타서 내렸어요. (本来)坐了公共汽车，因为坐错了，就下来了。
- 옷을 샀다가 너무 커서 바꾸었어요. (本来)买了衣服，因为太大，就换掉了。

02 -나요, 은가요/ㄴ가요?

用在动作动词后形成疑问句。与“-어요?”相似，不同的是只限于说话时使用。特别是必须得在说话人对问题的前提或背景知识有所了解时才能使用“-나요?”自然的提问。在状态动词后使用“-은가요/ㄴ가요?”；名词后使用“-인가요?”；动作动词后使用“-나요?”；在“-었/았/였-”、“-겠-”、“있다/없다”等后亦使用“-나요”。

- 가 : 제 고향은 생선이 많아요.　　甲：我家乡有很多鱼。
  나 : 그럼, 에릭 씨 고향은 바다에서 가까운가요?　　乙：那么，埃里克你的家乡离海近吗?
- 가 : 일이 끝나면 같이 식사합시다.　　甲：工作结束后一起吃饭吧!
  나 : 언제 일이 끝나나요?　　乙：工作什么时候结束呢?
- 가 : 그 음식은 정말 맛이 이상해요.　　甲：那种菜的味道真是奇怪。
  나 : 이 음식을 전에 먹은 적이 있나요?　　乙：你以前吃过吗?
- 가 : 이제 출발합시다.　　甲：现在出发吧。
  나 : 식사를 다 하셨나요?　　乙：饭都吃完了吗?
- 가 : 제 차로 같이 갑시다.　　甲：坐我的车一起走吧。
  나 : 언제 출발하실 건가요?　　乙：什么时候出发?

04 가까워 보이는데 버스를 타야 합니까?

학습 목표 ● 과제 길 묻기 ● 문법 -어 보이다, -다가 ● 어휘 교통 표지판 관련 어휘

여기는 어디입니까?
리에는 무엇을 하고 있습니까?

CD1:52~53

리에　실례합니다. 이 약도에 있는 놀이 공원이 어디인가요?

학생　저기 산이 보이는 곳이에요.

리에　가까워 보이는데 버스를 타야 합니까?

학생　아니요, 걸어서 15분쯤만 가면 돼요.

리에　길 좀 가르쳐 주시겠어요?

학생　똑바로 가다가 사거리에서 오른쪽으로 가세요. 첫 번째 횡단 보도를 건너서 쭉 가면 돼요.

약도
简图

보이다
看到，见

똑바로
(正前方)一直

사거리
十字路口

쭉
一直

어휘

01 교통표지판입니다.

횡단보도

어린이 보호

좌회전

우회전

유턴

버스 전용차로

일방통행

보행자 통행금지

주차금지

02 이 설명은 어떤 교통표지판의 설명입니까? 그림을 보고 쓰십시오.

1) 사람들이 길을 건너는 곳입니다. 조심하십시오. (**횡단보도**)
2) 어린이들이 다니는 길입니다. 조심하십시오. ( )
3) 여기에서는 오른쪽으로 갈 수 있습니다. ( )
4) 이 차로는 버스만 다닐 수 있습니다. ( )
5) 이 길은 한쪽 방향으로만 갈 수 있습니다. ( )
6) 여기에 차를 세우면 안 됩니다. ( )

문법 연습

-어/아/여 보이다

01 그림을 보고 대답하십시오.

[보기]

가 : 누가 더 커 보입니까?
나 : 리에가 더 커 보입니다.

❶

가 : 어느 주스가 더 많아 보입니까?
나 : ______________________

❷

가 : 어느 옷이 더 예뻐 보입니까?
나 : ______________________

❸

가 : 어느 방이 더 좋아 보입니까?
나 : ______________________

❹

가 : 우리 선생님 첫인상이 어때요?
나 : ______________________

❺

가 : 이 가방이 어때요?
나 : ______________________

-다가

02 그림을 보고 문장을 만드십시오.

[보기]

아이가 놀이터에서 놀다가 넘어져서 웁니다.

❶

❷

❸

❹

❺

과제 1 말하기

친구에게 설명하십시오.

[보기] 가: 1번에 있는 사람이 백화점에 어떻게 가야 합니까?
나: 똑바로 가다가 사거리에서 오른쪽으로 가세요. 조금만 더 가면 오른쪽에 커피숍이 있어요. 커피숍 앞에 있는 횡단보도를 건너서 오른쪽으로 5분쯤 가면 백화점이 있어요.

1) 1번에 있는 사람이 볼링장에 어떻게 가야 합니까?
2) 2번에 있는 사람이 극장에 어떻게 가야 합니까?
3) 3번에 있는 사람이 경찰서에 어떻게 가야 합니까?
4) 4번에 있는 사람이 책방에 어떻게 가야 합니까?
5) 5번에 있는 사람이 놀이터에 어떻게 가야 합니까?

볼링장 保龄球场　경찰서 警察局　놀이터 游乐场

과제 2 쓰기

여러분의 집 약도를 그리고 가는 방법을 쓰십시오.

그리다 画(画儿)

对话

理惠	不好意思，请问这简图上的游乐场在哪里?
学生	在那边，可以看到那里有山。
理惠	看起来挺近的，要坐公共汽车吗?
学生	不用，走15分钟左右就到了。
理惠	能告诉我一下路吗?
学生	一直朝前走，在十字路口右转，在第一个人行横道那儿过马路，然后一直走就可以了。

문법 설명

01 -어 보이다

用在状态动词之后表示看过以后产生某种想法。"A가 B보다 크다"是事实，而"A가 B보다 커 보입니다."却表示是说话人看过以后产生的那种想法。

- 이 학교는 정말 좋아 보여요. 这所学校看上去真好。
- 미선 씨는 나이보다 어려 보여요. 美善看上去比实际年龄小。
- 오늘은 청바지를 입으니까 편해 보이네요. 今天你穿牛仔裤，看上去很舒服随便。
- 그 남자는 바보 같아 보이지만 사실은 아주 똑똑해요. 那个男孩儿虽然看上去傻乎乎的，但实际上很聪明。

02 –다가

用在动作动词之后表示前面的动作还没有结束便开始后面的动作。例如，吃饭时接电话，其句子为“밥을 먹다가 전화를 받았어요.”。因为是同一个人做两个动作，所以前句和后句(意思上的)主语相同。

• 잠을 자다가 깼어요.	觉睡着睡着就醒了。
• 운동을 하다가 쉬고 있어요.	做了(一会儿)运动，现在在休息。
• 영화를 보다가 재미없어서 나왔어요.	电影看着看着觉得没意思就出来了。
• 하숙집에 살다가 기숙사로 이사했어요.	在校外寄宿了(一段时间)，就搬到校内宿舍了。

05 정리해 볼까요?

01 발음을 연습합시다. [CD1:54]

경복궁역까지 얼마나 걸려요?

파란색 272번 버스를 타세요

반대쪽 승강장으로 가셔야 돼요

첫 번째 횡단보도를 건너서 쭉 가면 돼요

02 맞는 단어를 쓰십시오.

정리

〈가로 열쇠〉

① 지하철역에서 아파트, 집 근처의 길 등 가까운 거리를 다니는 버스입니다.

② 버스나 지하철에서 내리는 것입니다.

③ 이곳에 주차를 하면 안 됩니다.

④ 지하철 승강장에 있는 문인데 열차의 문이 열릴 때 같이 열려요.

⑤ 서울에서 첫 번째로 만들어진 지하철이에요. 서울역, 종로역, 청량리역이 있어요.

⑥ 버스나 지하철이 가는 길을 보여주는 그림이에요.

〈세로 열쇠〉

❶ KTX보다는 느리지만 무궁화호보다는 빨라요.

❷ 사람들이 탈 수 있는 여러 개의 차를 연결해서 움직이는 기차예요.

❸ 버스만 다닐 수 있는 길이에요.

❹ 이 버스는 시내만 다녀요.

❺ 차가 한쪽 방향으로만 갈 수 있어요. 반대쪽에서 차가 오면 안 돼요.

❻ 운전할 때 어린이를 조심하세요. 학교 앞 도로에 이 표시가 많아요.

❼ 어린이나 노인들, 몸이 아픈 사람을 위한 자리입니다.

❽ 지하철 승강장에 있는 노란선이에요. 열차가 올 때 이 선 뒤로 가야 해요.

정리

03 대화를 만드십시오.

[보기] 가 : 월드컵 경기장에 어떻게 가는지 알아요?
나 : 월드컵 경기장에 가려면 택시나 지하철을 타세요.
가 : 버스는 없나요?
나 : 미안합니다. 몇 번 버스가 가는지 몰라요.

1) 가 : ________________ 는지 알아요?
나 : ________ 으려면/려면 ________ 이나/나 ________ 으세요/세요.
가 : ________________ 나요/은가요/ㄴ가요?
나 : 미안합니다. ________________ 는지/은지/ㄴ지 몰라요.

[보기] 가 : 신촌백화점이 어디에 있는지 알아요?
나 : 네, 알아요. 이 길로 똑바로 가다가 오른쪽으로 100미터정도 더 가세요.

2) 가 : ________________ 는지 알아요?
나 : 네, 알아요. ________ 다가 ________ 으로/로 ________ 으세요/세요.

[보기] 가 : 미용실에 갔다가 왔어요.
나 : 정말 예뻐 보여요.

3) 가 : ____________ 었다가/았다가/였다가 ____________

나 : ____________ 어/아/여 보여요.

04 어떻게 가면 제일 편리합니까?

[보기] 〈신촌 ➔ 홍대〉

교통 수단	요금	〈단점〉
지하철	1,000원(10분)	계단을 내려가고 올라가야 합니다.
버스	1,000원(13분)	자주 오지 않습니다.
택시	3,000원(7분)	비쌉니다.

저는 오늘 다리가 아파서 계단을 내려가기 어렵습니다. 그렇지만 택시는 비쌉니다. 그래서 저는 조금 기다려야 하지만 버스를 타고 홍대에 가겠습니다.

1) 〈서울 ➔ 부산〉

교통 수단	요금	〈단점〉
KTX	51,200원(2시간 40분)	거꾸로 앉아서 가면 머리가 아픕니다.
새마을호	41,100원(4시간 40분)	KTX보다 시간이 오래 걸립니다.
무궁화호	27,700원(5시간 20분)	중간에 서는 곳이 많아서 제일 오래 걸립니다.

2) 〈마포 ➔ 대학로〉

교통 수단	요금	〈단점〉
지하철	1,100원(30분)	한 번 갈아타야 합니다.
버스	1,100원(25분→60분)	도착 시간이 정확하지 않습니다.
택시	6,500원(17분)	비쌉니다.

3) 〈어학당 ➔ 백화점〉

교통 수단	요금	〈단점〉
버스	1,000원(10분)	계단을 내려가고 올라가야 합니다.
걸어서 1 (정문으로 해서)	0원(35분)	정문으로 가려면 언덕을 지나가야 합니다.
걸어서 2 (신촌 기차역으로 해서)	0원(25분)	횡단보도를 세 번 건너야 합니다.

4) 〈서울 ➔ 도쿄〉

교통 수단	요금	〈단점〉
비행기	550,000원(2시간)	공항에 3시간 전에 나가야 합니다.
배	300,000원(5시간)	부산까지 가야 합니다.
해저 기차	400,000원(4시간)	만든 지 한달 되었습니다.

느리다 慢　연결하다 连，连结　단점 短处　계단 楼梯　거꾸로 反过来，颠倒　중간 中间
제일 最，第一　정확하다 正确　정문 正门　언덕 坡，丘陵　해저 海底

리에가 본 한국

서울의 버스 [CD1:55]

저는 서울에서 이곳저곳 많이 다닙니다. 버스를 타면 시내 구경도 할 수 있습니다. 처음에는 버스 번호가 무슨 의미를 가지고 있는지 잘 몰라서 어려웠어요. 그런데 번호의 의미를 알았어요. 이제는 다른 동네에 가려면 몇 번 버스를 타야 하는지 알 것 같아요.

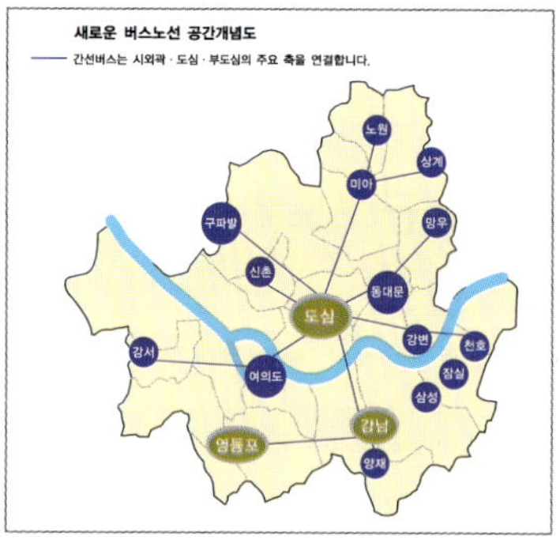

서울시 버스에는 네 가지가 있습니다. 파란색 버스는 간선버스(BLUE BUS)인데, 보통 서울시 안에서 주변과 시내를 연결해 주는 버스입니다. 버스 번호는 3자리 숫자로 되어 있습니다. 처음 숫자는 출발하는 곳, 두 번째 숫자는 도착하는 곳, 그리고 세 번째 숫자는 그 버스의 고유한 번호입니다.

빨간색 버스는 광역버스(RED BUS)인데, 서울과 서울 주변의 경기도를 연결해 주는 버스입니다. 버스 번호는 4자리 숫자로 되어 있습니다. 처음 숫자는 경기도 어느 지역에서 서울로, 또는 서울에서 어느 지역으로 가는지 알려주는 번호이고, 두 번째는 출발하는 곳, 뒤의 두 숫자는 그 버스의 고유한 번호입니다.

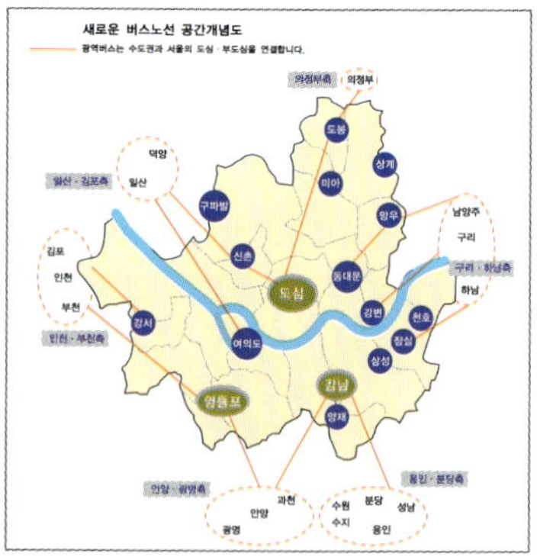

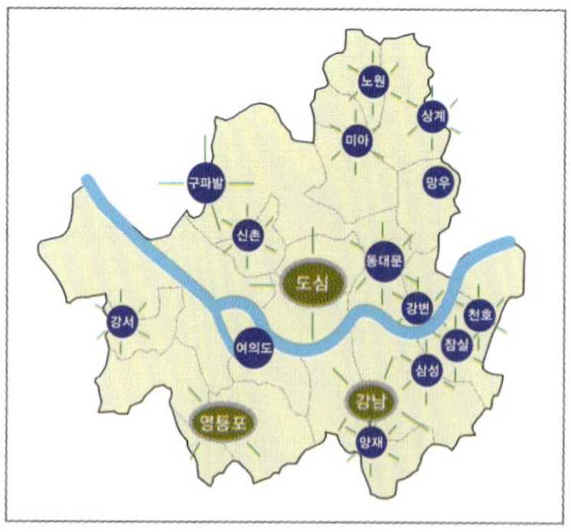

녹색 버스는 지선버스(GREEN BUS)인데, 보통 파란색 버스와 지하철을 연결해 주는 버스입니다. 버스 번호는 4자리 숫자로 되어 있습니다. 처음 숫자는 출발하는 곳, 두 번째 숫자는 도착하는 곳이고, 뒤의 두 숫자는 그 버스의 고유한 번호입니다.

노란색 버스는 순환버스(YELLOW BUS)인데, 보통 시내의 일부 지역을 돌거나 가까운 쇼핑 지역을 돌아다니는 버스입니다. 버스 번호는 2자리 숫자로 되어 있습니다. 처음 숫자는 그 버스가 다니는 지역 번호, 두 번째 숫자는 그 버스의 고유한 번호입니다.

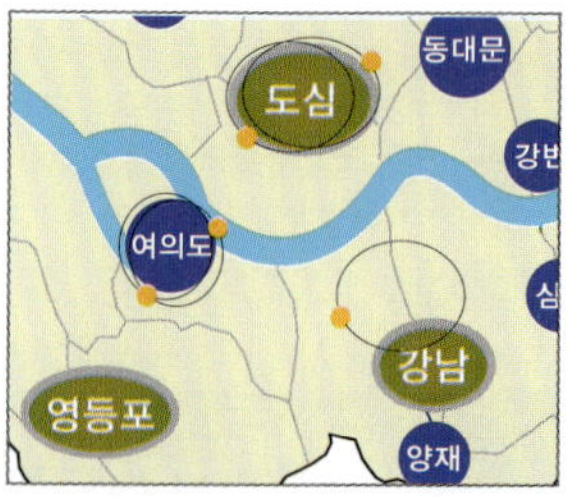

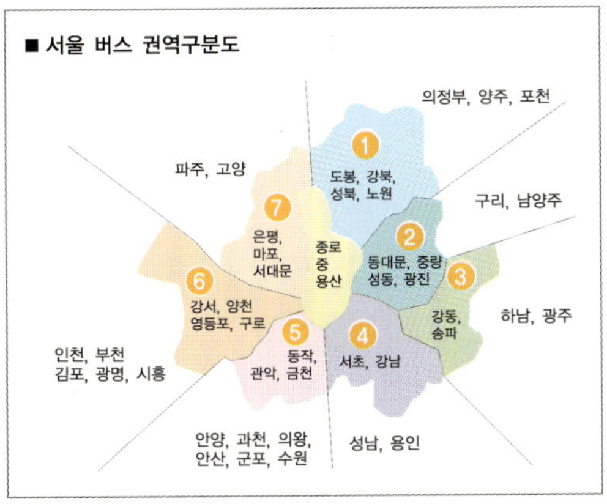

번호	지역
0	종로, 중, 용산
1	도봉, 강북, 성북, 노원
2	동대문, 중랑, 성동, 광진
3	강동, 송파
4	서초, 강남
5	동작, 관악, 금천
6	강서, 양천, 영등포, 구로
7	은평, 마포, 서대문

BLUE BUS 파랑(간선)버스

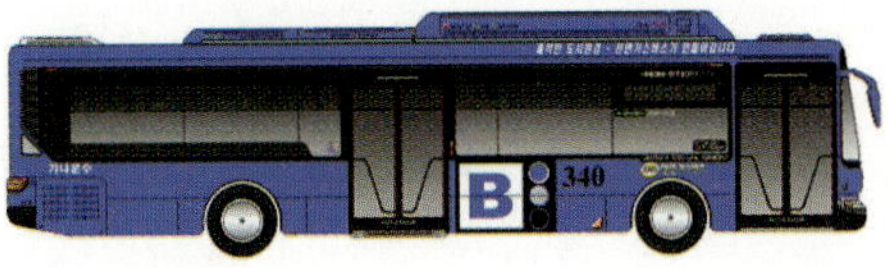

동북권을 출발하여 도심에 도착하는 일련번호 1번 간선버스

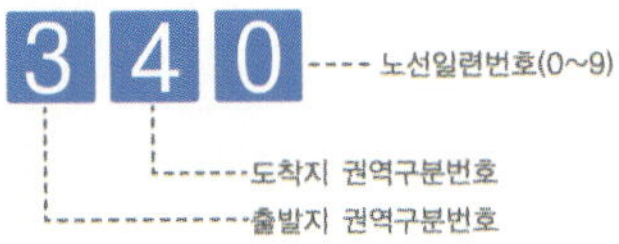

GREEN BUS 초록(지선)버스

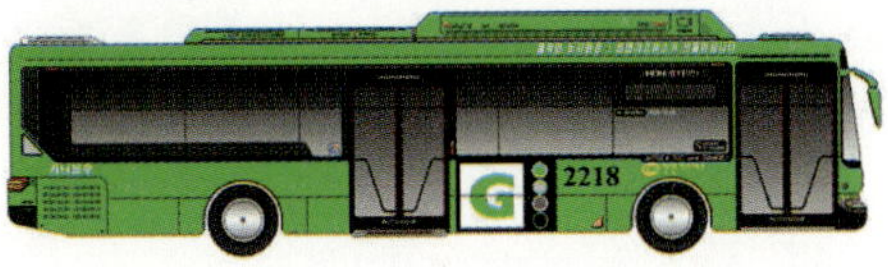

동북권역 출발하여 동부권역에 도착하는 일련번호 12번 지선버스

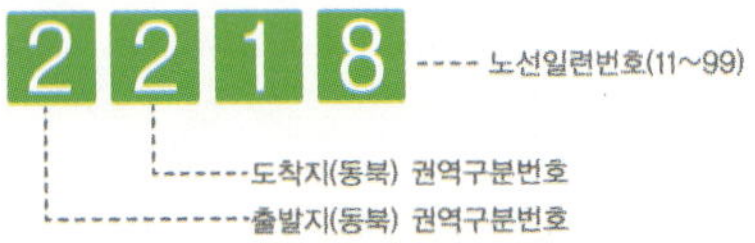

RED BUS 빨강(광역)버스

의정부, 양주, 포천을 출발하여 도심에 도착하는 일련번호 12번 광역버스

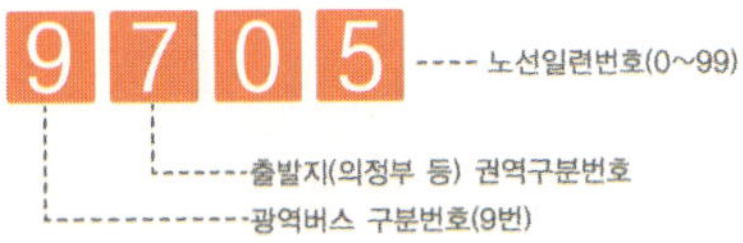

YELLOW BUS 노랑(순환)버스

강남권역을 순환하는 일련번호 1번 도심 순환버스

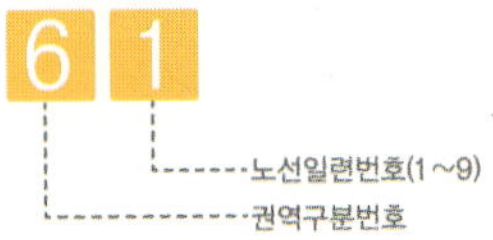

어때요? 어렵지 않죠? 서울시 버스를 잘 알고 버스를 타면 더 재미있고 편할 거예요. 앞으로 서울에서 이곳저곳 갈 때에는 저처럼 버스를 타 보세요.

- 여러분 집 앞에는 어떤 버스가 있습니까?

동네 小区 **주변** 周围, 周边 **고유하다** 原有, 特有 **지역** 地区
알려주다 告诉 **녹색** 绿色 **일부** 一部分

듣기 지문

듣기 지문

1과 2항 과제 2

세르게이 아야코 씨는 어느 나라에서 왔어요?

아야코 저는 일본에서 왔어요. 세르게이 씨는 러시아 사람이지요?

세르게이 네, 저는 대학교에서 신문방송학을 공부하고 있어요. 앞으로 좋은 텔레비전 프로그램을 만들고 싶어요. 아야코 씨는 전공이 뭐예요?

아야코 저는 경제학을 전공했어요.

세르게이 그래요? 그럼 졸업 후에 회사에 취직할 거예요?

아야코 네, 일본 회사나 한국 회사에 취직하고 싶어요.

세르게이 그런데 책상에 있는 이 사진은 뭐예요?

아야코 아, 네. 작년 바이올린 연주회 때 찍은 사진이에요. 어렸을 때부터 바이올린 켜기를 좋아해서 가끔 연주회도 해요.

세르게이 그렇군요. 저는 축구를 좋아해서 토요일 아침마다 친구들과 같이 축구를 해요.

아야코 그래요? 저는 축구를 구경하는 건 좋아하지만 직접 하지는 못해요.

세르게이 아, 저는 학교 기숙사에 사는데 아야코 씨는 어디에서 살아요?

아야코 저도 기숙사에 살았는데 지난달에 하숙집으로 이사했어요.

세르게이 제 친구도 지금 하숙집을 찾고 있는데 아야코 씨 하숙집이 좋으면 좀 소개해 주세요.

아야코 네. 알겠어요.

2과 3항 과제 2

1. 카레(curry)를 먹어 보았습니까? 이 음식은 양고기, 닭고기, 생선 등 여러 가지로 만들 수 있습니다. 소스는 양파, 토마토, 요구르트와 카레를 넣어서 만듭니다. 카레는 맵지 않은 맛과 중간 매운맛, 매운맛이 있습니다. 카레는 건강에 좋습니다. 그리고 인도에서는 카레를 오른손으로 먹습니다.

2. 파스타(pasta)는 이탈리아 음식입니다. 면은 여러 가지 모양이고, 소스도 여러 가지입니다. 면 이름도 다 다릅니다. 스파게티, 링귀니, 라자냐, 펜네 등이 있습니다. 만드는 방법은 여러 가지가 있습니다. 보통은 끓는 물에 소금을 넣고 면을 삶습니다. 그리고 올리브 오일, 버터, 생크림과 생선, 고기, 계란, 치즈, 채소 등 자기가 좋아하는 소스를 만들어서 면과 같이 먹습니다.

3. 돈가스(豚カツ)는 돼지고기를 두껍게 잘라서 칼로 부드럽게 만듭니다. 그 다음에 소금과 후춧가루를 뿌립니다. 그 위에 밀가루와 달걀, 빵가루를 묻혀서 기름에 튀깁니다. 서양의 포크커틀릿을 일본 사람들의 입맛에 맞게 바꾼 것입니다. 요즘은 소고기, 닭고기, 생선 등 여러 가지로 만듭니다.

4. 중국에는 유명한 요리가 많습니다. 그 중에서 베이징덕을 소개하겠습니다. 베이징덕은 오리 요리입니다. 오리에 기름을 바르고 불에 굽습니다. 껍질이 잘 익을 때까지 잘 굽습니다. 잘 구운 오리를 양념과 파와 함께 얇은 전병(煎餅, pancakes)에 싸서 먹습니다.

5. 갈비찜은 소갈비를 양념해서 만든 요리입니다. 간장과 설탕, 파와 마늘, 생강, 참기름 등으로 소스를 만들어서 고기와 같이 넣고 오랫동안 끓입니다. 다 끓인 후에 밤, 당근, 달걀, 버섯 등을 넣어서 여러 색깔로 꾸밉니다. 그리고 오랫동안 약한 불에 끓입니다. 오래 끓이면 고기가 더 부드럽게 됩니다. 이 음식은 한국의 전통 요리입니다.

듣기 지문

3과 3항 과제 2

1. 지금부터 바나나를 세일합니다. 조금 전까지 바나나 한 송이에 2,000원이었는데, 지금부터 1,000원에 드리겠습니다. 어린이들과 노인들에게 인기가 많은 바나나가 한 송이에 1,000원, 1,000원입니다. 어서 오세요.

2. 오늘은 일년 중에서 가장 더운 날입니다. 오늘은 무슨 음식을 먹는지 모두 아시죠? 네, 맞습니다. 오늘은 삼계탕을 먹는 날입니다. 삼계탕에 필요한 닭, 쌀, 인삼, 대추를 모두 넣어서 5,000원에 드립니다. 일로 지친 남편에게, 공부하는 아이들에게 삼계탕을 준비해 주세요. 자, 10개 남았습니다. 빨리 오세요.

3. 생선 코너에서 말씀드리겠습니다. 문을 닫을 시간이 얼마 남지 않았습니다. 지금부터 두 마리에 만 원인 갈치를 네 마리에 만 원, 네 마리에 만 원으로 드리겠습니다. 다섯 분께만 기회를 드리겠습니다. 빨리 사 가세요.

4. 오늘은 날씨가 아주 덥지요? 이 더운 날씨를 시원하게 만들어 줄 아이스크림을 세일해 드리겠습니다. 지금부터 연세 아이스크림을 네 개에 1,000원씩 드립니다. 아무거나 고르십시오. 시원한 아이스크림으로 시원한 하루를 보내세요.

5. 채소 코너에서 5분 동안 세일을 하겠습니다. 한 통에 1,000원인 양배추를 지금부터 한 통에 500원, 한 통 500원에 드리겠습니다. 또 세 개 천 원인 당근을 다섯 개 천 원에 드립니다. 빨리 오셔서 사시기 바랍니다.

4과 4항 과제 2

1. 우리 모임은 재즈 댄스를 사랑하는 사람들의 모임입니다. 우리 모임에 오시면 재즈 댄스를 배울 수 있습니다. 그리고 재즈 댄스를 잘 하고 싶어서 발레와 현대 무용도 함께 배웁니다. 이 모임의 대표는 5년 동안 재즈 댄스를 한 사람입니다. 춤도 잘 추고, 다른 사람들에게 친절하게 잘 가르쳐 주는 사람입니다. 재즈 댄스에 관심이 있는 분은 빨리 오세요.

2. 이 모임은 같은 고등학교를 졸업한 사람들의 동문회입니다. 나이가 많은 선배부터 올해 졸업한 후배까지 많은 사람들이 모여요. 제일 나이가 많은 사람과 제일 나이가 적은 사람은 스무 살이나 차이가 나요. 그렇지만 마음은 다 같아요. 같이 등산도 가고 운동도 해요. 그리고 가끔 같이 맥주를 마시기도 하고 노래방에도 가요. 선배와 후배의 정을 느낄 수 있는 좋은 모임입니다.

3. 겨울 스포츠의 꽃인 스키를 같이 탑시다. 우리 모임은 '스키 동호회' 입니다. 함께 스키도 배우고 친구들도 사귀고 싶어서 만든 모임입니다. 스키는 겨울에만 탈 수 있으니까 다른 계절에는 수영이나 수상 스키 등 다른 스포츠를 하면서 서로 더 친해질 수 있습니다.

4. 그림 그리는 것을 좋아하세요? 주말에 그림을 좋아하는 사람들이 함께 모여서 여러 가지 그림을 그립니다. 좋은 경치를 그리기도 하고, 사람들을 그리기도 하고 여러 가지 물건을 그리기도 합니다. 좋은 그림을 많이 그리면 12월에는 전시회도 하려고 합니다.

듣기 지문

5과 3항 과제 2

[보기]

오늘도 저희 지하철을 이용해 주셔서 감사합니다.

이 열차는 청량리 행 열차입니다.

안양, 구로, 서울역 방면으로 가실 손님은 열차를 타시기 바랍니다.

1. 이번역은 종각, 종각역입니다. 내리실 문은 왼쪽입니다.

2. 이번역은 신길, 신길역입니다. 내리실 문은 왼쪽입니다.
   방화나 상일동, 마천 방면으로 가실 손님은 이번역에서 5호선으로 갈아타시기 바랍니다.

3. 이번역은 이 열차의 종착역인 청량리, 청량리역입니다.
   성북, 의정부 방면으로 가실 손님은 이번 역에서 열차를 갈아타시기 바랍니다.
   내리실 때에는 차안에 두고내리는 물건이 없는지 다시 한번 살펴보시기 바랍니다.
   안녕히 가십시오. 고맙습니다.

4. 이 역은 타는 곳과 열차 사이가 넓습니다. 내리고 타실 때에 조심하시기 바랍니다.

5. 손님 여러분, 출입문이 닫힐 때에는 무리하게 타지 마시고, 출입문에 기대거나 손을 짚으면 다칠 위험이 있사오니, 주의하시기 바랍니다.

6. 주변에 노약자, 장애인이 서 있으면 자리를 양보합시다.

색인

- 문법 색인
- 어휘 색인

문법 색인

ㅈ

어휘 색인

ㅂ

ㅅ